PIERGIORGIO FRANCHINI

AGENTE IMMOBILIARE 25K

Segreti e Tecniche Per Diventare Un Venditore Di Successo e Generare 25.000 € Al Mese Acquisendo e Vendendo Case

Titolo

"AGENTE IMMOBILIARE 25K"

Autore

Piergiorgio Franchini

Editore

Bruno Editore

Sito internet

http://www.brunoeditore.it

Sommario

Introduzione

Il mercato che sale e scende, le regole che cambiano continuamente, gli avvenimenti nazionali e internazionali che influenzano i mercati e diffondono la paura di decidere.

E poi la stretta sul credito e l'insicurezza delle banche, la bolla speculativa immobiliare, il crollo verticale dei prezzi, nessuno vende più... nessuno compera più.

È l'urlo che anima gli incubi di quasi tutti gli agenti immobiliari! Nel libro ti offro segreti e strumenti per poter riemergere dalla crisi, tecnica e metodo per arrivare all'eccellenza della professione di agente immobiliare, per ritornare a vivere il nuovo periodo d'oro del mercato immobiliare e migliorare la tua vita elevando i tuoi guadagni.

Dietro ogni difficoltà si nasconde un'opportunità. Più è grande la difficoltà più sarà grande la ricompensa per chi saprà cogliere le soluzioni più adatte alle nuove condizioni del mercato.

Voglio però essere chiaro con te: io ti posso offrire delle soluzioni, degli strumenti, delle tecniche e anche dei segreti… ma solo tu potrai effettuare il vero cambiamento, impegnandoti nel mettere in pratica, giorno per giorno, con tutta la tua determinazione e concentrazione, anche dandoti tutto il tempo necessario affinché ogni cosa ti risulti riuscita con la massima naturalezza e spontaneità.

Questo è il patto che vorrei tu facessi con te stesso, prima di iniziare la lettura:

"Mi impegno ad applicare il metodo perché sono assolutamente certo che mi cambierà la vita professionale e personale".

Bene, allora possiamo andare avanti?

Ti racconto alcune cose di me. Provengo da una famiglia di costruttori, mio nonno, muratore (maestro nei muri in pietra), ha lavorato parecchi anni come emigrante in Svizzera; mio padre, con i suoi fratelli, ha sempre avuto una piccola impresa edile, insomma sono cresciuto fra sabbia e mattoni.

Diploma di geometra e successiva laurea in Architettura al Politecnico di Milano, durante e dopo la quale, per alcuni anni, ho avuto l'onore di lavorare per qualche "maestro" dell'architettura (anche queste esperienze mi hanno trasmesso il senso di come si affronta un progetto con il concetto di "eccellenza").

Ma nelle mie vene scorreva il sangue "commerciale"… e ho iniziato a collaborare con un ex compagno di scuola che aveva appena aperto un'agenzia immobiliare… da quel momento il mercato immobiliare non mi abbandonerà più, pur tra successi e mancati obiettivi, tra alti e qualche flessione, tra qualche difficoltà e innumerevoli soddisfazioni, professionali ed economiche, in Italia e all'estero.

Durante il mio percorso professionale ho avuto poi la "fortuna" di conoscere diversi formatori, in vari ambiti, frequentando i loro corsi e accrescendo così il mio bagaglio: nella comunicazione, nella psicologia della vendita, nella gestione delle risorse umane, nel time management, nella leadership fino ad altri ambiti meno… commerciali.

Oggi, a distanza di 34 anni dalla mia prima esperienza di vendita immobiliare, voglio mettere a tua disposizione tutto questo bagaglio, affinché tu possa incrementare rapidamente la tua produttività e quella dei tuoi collaboratori, migliorando nella gestione del tempo e aumentando il tuo standard mirando all'eccellenza.

Conseguenza: meno tempo investito, miglioramento delle *performances*, aumento dei guadagni.

Buona continuazione!

Capitolo 1:
Il giusto atteggiamento

Prima di parlarti di tecniche e metodo voglio spiegarti quale ritengo sia il giusto atteggiamento con cui affrontare la professione.

In questo capitolo ti svelerò i primi segreti che sono la base per costruire la tua immagine di successo e per realizzare una figura che trasmetta fiducia e professionalità, dando al cliente la certezza di essere nelle mani della persona giusta.

SEGRETO n. 1: dimenticati della provvigione.

Quante volte ti è capitato (e sono sicuro che è così…) prima di un appuntamento o prima di una telefonata, oppure dopo un'acquisizione, di iniziare a fare i calcoli di quante sono le provvigioni che guadagnerai quando l'immobile sarà stato venduto?

Almeno una volta questo pensiero l'avrai fatto… e credo anzi non una volta sola…

Non dico che ciò sia sbagliato (è anche motivante) ma diventa un elemento deviante se non sei in grado di "gestirlo".

Certamente, dobbiamo tenere presente quale sarà la ricompensa alla fine dell'ottimo lavoro che andremo a svolgere, ma dobbiamo distogliere il focus da questo e riportarlo sulla cosa più importante, cioè quella che ci permetterà di portare a buon fine l'affare e che rappresenta il

SEGRETO n. 2: concentrati sulle esigenze del cliente.

L'atteggiamento corretto con cui va affrontato qualsiasi appuntamento è dimenticarsi completamente della nostra provvigione e concentrarsi esclusivamente sulle esigenze, quindi sulle possibili soluzioni per il cliente.

Distogliere il focus dalla provvigione/guadagno e spostarlo del tutto sulle esigenze del cliente ti permetterà di essere completamente concentrato sulle esigenze, ascoltando con sincero interesse, osservando con attenzione e percependo le giuste sensazioni.

Nei capitoli successivi ti darò alcune tecniche per "sintonizzarti" sulla lunghezza d'onda preferenziale del tuo cliente, permettendoti di creare rapidamente quel feeling/fiducia necessari per procedere al meglio.

Ti è capitato sicuramente di conoscere qualcuno e solo dopo pochi istanti affermare "finalmente qualcuno che mi capisce"; oppure "con questa persona ho avuto subito feeling/confidenza"; o ancora "con lui/lei mi intendo alla perfezione"... È un caso? Assolutamente no! Nulla di tutto ciò è casuale, e vedremo quali sono gli strumenti che ci permettono di controllare anche questo tipo di relazioni.

Quindi, questo tuo corretto atteggiamento ti permetterà di trasmettere al cliente assoluta fiducia nel fatto che sei lì per trovare una soluzione alla sua esigenza e non (solo) per guadagnare una commissione.

La provvigione, quindi il guadagno, deve essere solo la normale conseguenza di un lavoro ben svolto e portato a termine.

SEGRETO n. 3: il guadagno è una conseguenza.

Quando affermo che il guadagno è una conseguenza, sto dicendo esattamente questo: l'obiettivo è svolgere la propria professione al meglio; alcuni pensano che l'obiettivo/fine sia il guadagno... nulla di più sbagliato! L'obiettivo/fine è fare il nostro meglio in ogni situazione, con l'atteggiamento di cui ti ho già parlato... il guadagno è una normale conseguenza di un buon lavoro svolto.

Amore + Rispetto + Fiducia

Amore verso chi o verso cosa?

Rispetto verso chi o verso cosa?

Fiducia verso chi o verso cosa?

Perché sono importanti tutti questi fondamenti? Perché rispettando questi elementi basilari si può sviluppare un rapporto di fiducia e di professionalità nei confronti dei clienti che percepiranno sempre il vostro atteggiamento di dedizione ma non di sottomissione alla vostra mission professionale.

Trovare la soluzione migliore per soddisfare le esigenze del cliente.

Amore + Rispetto + Fiducia

Amore, rispetto e fiducia sono tre sentimenti che ritengo essenziali per guidare la tua relazione con il cliente secondo quanto descritto relativamente al giusto atteggiamento.

Amore verso chi o verso cosa?

A – Amore verso il prodotto

Amore verso il prodotto significa veramente amare il prodotto che stiamo trattando. Amare non significa accettare incondizionatamente pregi e difetti, ma vuol dire conoscere sia gli uni che gli altri, così da essere in grado di individuare in modo naturale e semplice le potenzialità del prodotto, così da connetterle con le esigenze del cliente. Se tratterai prodotti di cui sei innamorato sarà semplicissimo trasmettere questo sentimento quando mostrerai o parlerai dell'immobile a un potenziale cliente.

Allo stesso modo, se ti occuperai di un immobile che non ti piace o che non ti convince ti costerà più fatica trasferire un sentimento diverso sul cliente, semplicemente perché dovresti fingere, ovvero dire qualcosa che non pensi veramente. Successivamente tratteremo anche questo argomento.

B – Amore verso la professione

Amore verso la professione significa amare quello che si fa, amare il proprio lavoro, amare la propria professione. Se vivi in questo sentimento non ti costerà fatica fare acquisizioni, non ti costerà fatica fissare appuntamenti, non ti costerà fatica fare telefonate, non ti costerà fatica fare ricerca. L'attività di agente immobiliare è una professione non è un lavoro. Chi lo fa come professione lo affronta come tale e otterrà sempre ottimi risultati; chi lo affronta invece come lavoro dovrà faticare tantissimo per ottenere risultati mediocri. Professione = Passione!

SEGRETO n. 4: l'attività di agente immobiliare è una professione, non è un lavoro.

Rispetto verso chi o verso cosa?
Altro elemento importante è il rispetto.

C – Rispetto verso il cliente

Il rispetto verso il cliente è un elemento fondamentale del corretto atteggiamento di un professionista. Per rispetto verso il cliente intendo rispettare le sue richieste, rispettare le sue esigenze, ascoltare con attenzione tutte le sue problematiche.

Capita, a volte, che nell'abitudine dell'attività si perda il contatto con la realtà dimenticandosi ad esempio che ci sono persone che compreranno una casa una sola volta nella loro vita; oppure ci sono persone che per necessità stanno vendendo una casa o un immobile che è stato frutto del lavoro di una vita o è stato frutto del lavoro della vita dei genitori. Bisogna avere assoluto rispetto di tutto ciò, sincero rispetto per ciò che una casa, un immobile rappresenta per il nostro cliente.

Questo significa evitare comportamenti o atteggiamenti di sufficienza, di arroganza o di superficialità, mantenendo il giusto rispetto.

D – Rispetto verso il denaro

Il rispetto verso il denaro è altrettanto importante. Ciò che intendo è una forma di rispetto che sia un giusto distacco dal valore del denaro, nel senso che dobbiamo avere rispetto di € 1.000 come di € 100 come di € 10, allo stesso tempo non ci dobbiamo fare intimidire da € 100.000 (centomila) € 500.000 (cinquecentomila) o da € 5.000.000 (cinque milioni). Dobbiamo mantenere il giusto distacco dal denaro affinché questo non ci limiti nelle acquisizioni o nelle trattative. A tal proposito c'è un altro segreto.

SEGRETO n. 5: non limitarti al tuo parametro.

Questo significa che non devo ragionare secondo il mio parametro di disponibilità di denaro o di motivazioni di acquisto. Ciò che io penso potrebbe essere completamente contrario rispetto a quello che pensa il cliente che ho di fronte. Pertanto non ponetevi limiti né verso il basso né verso l'alto, sia in termini economici sia in termini di parametri qualitativi.

E – Rispetto verso la propria professione

Rispetto verso la propria professione significa cercare sempre di migliorarsi, di imparare, di conoscere affinché possiamo sempre aumentare la nostra competenza nell'ambito specifico. Rispettare la propria professione significa anche non permettere ai "perditempo", ai "turisti di agenzia", di rubare il nostro tempo, quindi devi pretendere il giusto rispetto per il tuo lavoro e per il tuo tempo.

SEGRETO n. 6: rispetta il tuo tempo.

Questo aumenterà il tuo "carisma" verso i clienti. Ma come sempre, per ottenere rispetto, bisogna prima darlo. Se io sono il primo a non rispettare la mia professione sicuramente avrò spesso di fronte persone che non rispetteranno la mia professione.

Fiducia verso chi o verso cosa.

F – Fiducia in sè stessi

Avere fiducia in sè stessi è una frase probabilmente fra le più inflazionate, ma mai come in questo caso è assolutamente appropriata. La fiducia è un elemento essenziale per la maggior parte dei clienti che devono prendere una decisione, sia per vendere sia per acquistare. Il ruolo professionale che rivesti possiede un significato legato al fatto che devi trasmettere la giusta fiducia a chi si affida a te.

Richiamando un passaggio precedente, molti dei clienti avranno a che fare con un agente immobiliare una sola volta nella loro vita e per una sola importante transazione; ciò significa che si dovranno affidare a una persona in cui possono riporre totale fiducia. Per questo è importante che tu abbia fiducia profonda in te stesso affinché, a tua volta, tu possa infondere questo stesso senso di sicurezza nel cliente.

F – Fiducia nella propria professionalità

La fiducia in sè stessi è sicuramente un'attitudine, qualcuno nutre per sé profonda autostima, qualcun altro ha necessità di costruirla, coltivarla, sia da un punto di vista personale sia da un punto di vista professionale.

La fiducia nella propria professionalità non può essere frutto di improvvisazione ma è il risultato di preparazione ed esperienza. Quindi ognuno deve avere la coerenza e l'onestà di capire qual è il suo livello di professionalità in un determinato momento specifico. La professionalità non è una dote innata, ma la si può acquisire con il tempo, con il lavoro, con lo studio, con l'esperienza.

La professionalità è dunque una risorsa disponibile per tutti coloro che con grande forza e volontà vorranno costruirla. I capitoli a seguire ti saranno di grande aiuto per costruire la tua solida professionalità come agente immobiliare.

RIEPILOGO DEL CAPITOLO 1:

- SEGRETO n. 1: dimenticati della provvigione.
- SEGRETO n. 2: concentrati sulle esigenze del cliente.
- SEGRETO n. 3: il guadagno è una conseguenza.
- SEGRETO n. 4: l'attività di agente immobiliare è una professione, non è un lavoro.
- SEGRETO n. 5: non limitarti al tuo parametro.
- SEGRETO n. 6: rispetta il tuo tempo.

Capitolo 2:
Individua il tuo target

Individuare il target, significa comprendere quale è il tipo di clientela con la quale ti trovi meglio, significa scegliere il mercato con cui meglio riesci a relazionarti: ad esempio, c'è chi è "predisposto" per le locazioni, chi per gli immobili commerciali, chi per quelli residenziali di pregio, chi è polivalente...

Identificare il proprio target di mercato è importante e necessario per svolgere in modo più efficace la propria attività, e ottenere il massimo dei risultati con il minimo sforzo (Pareto docet).

Quali sono le domande a cui devi rispondere per comprendere qual è il tuo target specifico?

1) Qual è la mia area geografica operativa?

a. Per iniziare individua una zona con un raggio di azione di 10/15 km se sei in una zona fuori città.

b. Se sei in una città, individua una zona circoscritta ad alcune aree geografiche specifiche (in ogni città ci sono delle zone identificate "commercialmente", quartiere xxx (ad esempio, Roma: Parioli), zona xxx (ad esempio, Milano: zona Brera), e così via.

c. Oggi, con internet, numerosi operatori si "lanciano" nel pubblicizzare "prodotti" molto fuori dalla loro zona operativa; non dico che non si possa fare, ma bisogna avere le risorse per poter gestire questo tipo di attività: risorse economiche (viaggi, spostamenti), risorse di tempo (lontananza e difficoltà nel coordinare più appuntamenti nello stesso giorno), risorse di competenza (conoscenza specifica del mercato).

2) Qual è il tipo di contratti in cui voglio specializzarmi?
   a. Vendita
   b. Affitto
   c. Rent to buy
   d. Tutto

3) Qual è la tipologia commerciale in cui voglio specializzarmi?
   a. Residenziale prima casa
   b. Residenziale turistico

c. Commerciale (negozi)

d. Industriale (capannoni e laboratori)

e. Attività (attività commerciali e licenze)

4) Con che target di clientela (base reddito) voglio lavorare?

a. Normale (medio-basso)

b. Benestanti (medio-alto)

c. Ricchi (alto)

d. Milionari (altissimo)

5) Con quale tipo di persone mi è più semplice relazionarmi?

a. _____

SEGRETO n. 1: individua il tuo target e concentrati al 100% in modo esclusivo.

6) Quali sono le mie competenze tecniche del settore?

a. Descrivi brevemente quali sono le tue competenze, datti un voto da 1 a 10 e valuta se la risposta è in armonia con le scelte di cui alle precedenti tue risposte.

_____

_____

_____

Voto: ___

Sono in armonia con le mie scelte precedenti?   Sì – No

In cosa e come posso migliorare le mie competenze?

_____

7) Quali sono le mie competenze fiscali/legali del settore?

a. Descrivi brevemente quali sono le tue competenze, datti un voto da 1 a 10 e valuta se la risposta è in armonia con le scelte di cui alle precedenti tue risposte.

_____

_____

_____

Voto: ___

Sono in armonia con le mie scelte precedenti?   Sì – No

In cosa e come posso migliorare le mie competenze?

_____

8) Quali sono le mie competenze commerciali del settore?

a. Descrivi brevemente quali sono le tue competenze, datti un voto da 1 a 10 e valuta se la risposta è in armonia con le scelte di cui alle precedenti tue risposte.

_____

_____

_____

Voto: ___

Sono in armonia con le mie scelte precedenti?   Sì – No

In cosa e come posso migliorare le mie competenze?

_____

SEGRETO n. 2: individua i tuoi punti di forza e migliora le tue competenze.

A questo punto hai definito il tuo target.

Hai deciso qual è la tua area specifica di attività.

Sai quali sono i tuoi punti di forza: rafforzali!

Sai quali sono le tue competenze: confermale!

Sai quali sono le cose che puoi migliorare: lavoraci!

L'obiettivo è diventare "il Ras del quartiere" (nel senso dell'immobiliare…), ovvero: "Non si muove foglia che io non voglia". Significa che, attraverso la conoscenza puntuale della situazione del mercato della tua zona e del tuo settore, devi essere a conoscenza di ogni movimento immobiliare che avviene.

Appropriati del tuo segmento di mercato nella tua zona: specializzati nel settore specifico e diventane il numero 1.

SEGRETO n. 3: diventa il ras del quartiere: non si muove foglia che io non voglia.

RIEPILOGO DEL CAPITOLO 2:

- SEGRETO n. 1: individua il tuo target e concentrati al 100% in modo esclusivo.
- SEGRETO n. 2: individua i tuoi punti di forza e migliora le tue competenze.
- SEGRETO n. 3: diventa il ras del quartiere: non si muove foglia che io non voglia.

Capitolo 3:
Ricerca e acquisizione

Ricerca costante = Garanzia di successo

Una costante attività di ricerca è la prima regola per il successo di un agente immobiliare.

Obiettivo della ricerca: raccolta di informazioni generali sui movimenti di mercato e, nello specifico, informazioni dettagliate relative a potenziali venditori/acquirenti.

1)   Ricerca sul territorio:

a. La ricerca sul territorio è da sempre la base per la costruzione di un ottimo portafoglio immobili. Nel "time management", la ricerca va svolta in modo sistematico e costante. La ricerca va fatta "a piedi" perché ciò che potete vedere camminando per le strade è ben diverso da quello che potete vedere dall'automobile. Pianificate almeno tre volte alla settimana tre/quattro ore di ricerca, battendo il territorio in modo capillare.

SEGRETO n. 1: attività minima di ricerca: quattro ore per tre volte a settimana.

2) Relazioni referenziali:

a. Coltivare in modo sistematico e intelligente le relazioni referenziali. Le relazioni referenziali sono tutte quelle persone che per professione o posizione sociale hanno costantemente contatti con persone e normalmente hanno anche una certa "autorevolezza", e che pertanto possono essere a conoscenza di situazioni interessanti per noi dal punto di vista professionale:

- sindaco, assessori e dipendenti comunali
- farmacista, parroco, medico della mutua
- tecnici del settore (geometra, ingegnere, architetto)
- commercialista, ragioniere, fiscalista
- altri.

SEGRETO n. 2: attività sulle relazioni referenziali: coltivare ogni settimana le relazioni.

3) Relazioni con segnalatori:

a. Alimentare e consolidare la propria rete di segnalatori, che possono aiutare a trovare opportunità o anche clienti. La relazione con i segnalatori deve essere chiara: ovvero deve essere chiaro il loro ruolo/compito, ma anche quanto può essere il loro compenso nel caso del buon fine di una trattativa.

SEGRETO n. 3: attività con i segnalatori: dedicare ogni settimana qualche ora ai propri segnalatori.

4) Ricerca tramite telemarketing:

a. utilizzare il telemarketing per trovare immobili in zona dove ci sono delle richieste:

- identificare la via in cui trovare l'immobile;

- tramite software (scaricabili dal web, tipo paginebianche.it o similari) andare a identificare il civico specifico; scaricare tutti i numeri riferiti al civico;

- telefonare: "Buongiorno signor/a…, sono Piergiorgio Franchini, la disturbo o ha un attimo di tempo?… sto cercando un appartamento proprio nella zona e un mio amico mi ha riferito che c'è un appartamento in vendita nel suo condominio, ma non mi ha saputo dire quale sia esattamente; Lei mi può aiutare?… è stata gentilissima, saprò esserle riconoscente. Ancora grazie mille!".

SEGRETO n. 4: attività di telemarketing: diventa un "maestro" nella gestione della telefonata.

5) Internet: siti web di annunci di settore.

a. La ricerca sui siti internet specializzati ritengo sia da considerarsi come ultima opzione… perché tutti vi possono accedere, e sicuramente questo ha modificato il lavoro degli agenti immobiliari; molti privati, ormai, infatti, "tentano" di gestirsi in autonomia. Ovviamente le informazioni prese da questi siti non sono "esclusive".

b. L'unica possibilità è quella di monitorare gli annunci e chiamare (ovviamente solo annunci privati), concordando con il venditore un appuntamento con un "cliente potenziale"…

• Un errore che fanno molti è chiamare in questo modo: "Buongiorno, ho visto l'annuncio, …abbiamo richieste di appartamenti come il suo, possiamo fissare un appuntamento, così da poter vedere l'immobile?" ecc. Il più delle volte la risposta è: "Non mi interessa… Mi arrangio da solo…" ecc.

• Dobbiamo pensare al fatto che il venditore ha un obiettivo:

"Vendere l'immobile", pertanto il senso della telefonata deve essere che abbiamo già il cliente per il suo immobile (e dovrebbe veramente essere così...); nel caso la telefonata sia la seguente: "Buongiorno, mi chiamo Piergiorgio Franchini, la disturbo? ho visto che ha l'immobile (descrizione dell'immobile desunta dall'annuncio)... e ho un mio cliente, che sta cercando un immobile proprio come il suo; ritengo che sia le caratteristiche tecniche (piano, superficie ecc.) sia il prezzo siano in linea con quello che il mio cliente sta cercando. Per incontrarci e valutare nel dettaglio, quando le verrebbe comodo? (tecnica dell'alternativa – vedi successivo cap. 7); perfetto, allora ci vediamo..., arrivederci e a presto".

SEGRETO n. 5: internet: gestisci la telefonata per ottenere un appuntamento.

6) Marketing formativo: nuove strategie "social" per acquisire.

a. È un nuovo sistema di marketing per acquisire clienti, alzare i profitti e aumentare le vendite. Il Marketing formativo è un sistema di marketing attraverso il quale un'azienda può trasformare semplici sconosciuti in clienti fidelizzati, formandoli al valore dei propri prodotti/servizi e "all'unicità" del proprio business.

Tutto parte dall'acquisizione clienti. Acquisire clienti significa avere un flusso costante di nuove persone nel tuo business. Per saperne di più sul Marketing formativo, puoi fare riferimento al seguente link http://www.marketing-formativo.it, troverai tutte le informazioni, compreso un ebook scaricabile.

SEGRETO n. 6: marketing formativo: nuove strategie "social" per acquisire clienti.

Risultati e vantaggi di una costante ricerca:
1) Conoscenza capillare del mercato e delle sue tendenze
2) Continuo rinnovamento del parco "prodotti da offrire"
3) Costante presenza professionale sul mercato
4) Pubblicità indiretta
5) Flusso costante di nuovi clienti
6) Aumento proporzionale delle vendite e dei profitti

RIEPILOGO DEL CAPITOLO 3:

- SEGRETO n. 1: attività minima di ricerca: quattro ore per tre volte alla settimana.

- SEGRETO n. 2: attività sulle relazioni referenziali: coltivare ogni settimana le relazioni.

- SEGRETO n. 3: attività con i segnalatori: dedicare ogni settimana qualche ora ai propri segnalatori.

- SEGRETO n. 4: attività di telemarketing: diventa un "maestro" nella gestione della telefonata.

- SEGRETO n. 5: internet: gestisci la telefonata per ottenere un appuntamento.

- SEGRETO n. 6: marketing formativo: nuove strategie social per acquisire clienti.

Capitolo 4:

Come contattare i potenziali clienti

Ci sono diversi strumenti per "prendere contatto" con potenziali clienti:

- Vetrina
- Cartelli
- Volantini
- Annunci sui giornali
- Annunci sui siti web
- Redazionali su pubblicazioni specializzate
- Telefonate referenziali
- Strategia di Marketing formativo

Come in ogni azione, bisogna avere estrema attenzione e cura nella comunicazione, tanto nella forma quanto nella sostanza.

Per ottenere una buona comunicazione negli strumenti elencati in precedenza, sono importanti due caratteristiche: l'assertività e la sintesi.

Assertività: la capacità umana di esprimere in maniera chiara ed efficace le proprie emozioni e idee, senza calpestare e offendere gli altri.

Sintesi: si opera estrapolando le parti più significative e, tralasciando quelle accessorie, ci si prefigge di realizzare un risultato efficace più breve e incisivo.

SEGRETO n. 1: applica ai tuoi annunci i principi di assertività e di sintesi.

Tutto ciò è estremamente importante, perché in questa fase l'obiettivo è attrarre l'interesse del potenziale cliente, dandogli un motivo per contattarci.

Quindi, analizziamo uno per uno gli strumenti e vediamo quale deve essere il principio guida per ogni strumento.

Vetrina: deve essere sempre pulita e in ordine, gli annunci vanno sostituiti periodicamente (meglio se ogni settimana, massimo ogni quindici giorni, si procede alla ricollocazione e alla modifica della fotografia), magari stando attenti a quali annunci attirano maggiormente l'attenzione della clientela.

L'annuncio dovrebbe contenere almeno una fotografia, la località, il prezzo (qualcuno invece è del parere di non inserire il prezzo per indurre il cliente a entrare e chiedere), e una descrizione assertiva, che colga alcune caratteristiche particolari dell'immobile; ovvero cercare di evitare annunci troppo generici ed evidenziare, invece, qualche particolarità unica dell'immobile proposto.

SEGRETO n. 2: cambia gli annunci in vetrina almeno ogni due settimane.

Cartelli: metodo un po' in disuso, ma pur sempre efficace, importante però cercare di collocare il cartello in zone visibili e possibilmente a ridosso di immobili dei quali effettivamente avete l'incarico; in alternativa, anche in zona, ma in modo visibile.

I cartelli sono di due tipi: generico (riportante esclusivamente "Vendesi" e "numero di telefono", oppure leggermente descrittivi del tipo "Vendesi trilocale" o "Vendesi bivani" ecc.). Anche per i cartelli è importante avere un giusto controllo, onde evitare che alcuni rimangano per molte settimane esposti, dando l'impressione che... non si riesce a vendere.

Importante anche per questo programmare una revisione (rimozione o cambio di cartello) almeno ogni due/tre settimane.

SEGRETO n. 3: cambia i cartelli e il tipo di annuncio almeno ogni due/tre settimane.

Volantini porta a porta: anche questa è una strategia utilizzata, necessita di un'attività massiccia (distribuzione a tappeto nella zona interessata) e ha la finalità di cercare immobili in vendita (per acquisizione).
È un tipo di azione marginale rispetto al resto delle attività.

Annunci sui giornali: l'annuncio, anche se siamo nell'era di internet, ha sempre la sua validità, è però (almeno in questo periodo) maggiormente indicato per immobili di pregio, e il consiglio è quello di utilizzare testate a tiratura nazionale (per immobili prestigiosi), mentre per gli immobili prima casa è meglio utilizzare testate locali.

Ci sono anche dei giorni maggiormente indicati a seconda della tipologia di immobile. Per gli immobili commerciali (negozi, capannoni, uffici e attività) meglio puntare sui primi giorni della settimana; al contrario, per gli immobili residenziali e turistici, gli ultimi giorni della settimana (compresi sabato e domenica). Anche in questo caso, applicare il principio dell'assertività.

SEGRETO n. 4: mantieni una costante presenza di annunci anche sulla carta stampata selezionata.

Annunci sui siti web: gli annunci sul web, ovviamente, con gli strumenti oggi a disposizione (siti propri oppure siti specializzati) permettono di trasferire al potenziale cliente maggiori informazioni (descrizione, fotografie, planimetrie ecc.), ma anche qui vale la logica di saper comporre un "annuncio attraente". Senza esagerazioni ma con il giusto effetto di "richiamo".

SEGRETO n. 5: gli annunci sul web devono essere attraenti;

immagini e descrizione devono essere in stile "rivista".

Redazionali su pubblicazioni specializzate: hanno la logica di affermare il tuo brand, ed essere riconosciuti come specialisti di un determinato settore oppure di una zona specifica. Comunque sempre utili.

Telefonate referenziali: questo risulta abbastanza semplice; ovvero, quando riceviamo dei nominativi da parte della nostra rete di segnalatori e contattiamo il potenziale cliente, grazie alla referenza del nostro segnalatore. Nel capitolo 8 potrai vedere una "griglia tipo" e leggere un esempio di telefonata.

Strategia di marketing formativo: del Marketing formativo ne abbiamo parlato già al termine del capitolo precedente. È un nuovo sistema di marketing per acquisire clienti e attraverso il quale un'azienda, utilizzando precise strategie nei "social", può trasformare semplici sconosciuti in clienti fidelizzati, formandoli al valore dei propri prodotti e "all'unicità" dei propri servizi.

Tutto parte dall'acquisizione clienti. Avere una strategia che permetta di acquisire continuamente clienti significa generare un flusso costante di nuovi potenziali clienti per la tua agenzia.

Per saperne di più sul Marketing formativo, puoi fare riferimento al seguente link http://www.marketing-formativo.it.

SEGRETO n. 6: sviluppa la tua strategia di Marketing formativo: acquisisci e fidelizza nuovi clienti.

RIEPILOGO DEL CAPITOLO 4:

- SEGRETO n. 1: applica ai tuoi annunci i principi di assertività e di sintesi.

- SEGRETO n. 2: cambia gli annunci in vetrina almeno ogni due settimane.

- SEGRETO n. 3: cambia i cartelli e il tipo di annuncio almeno ogni due/tre settimane.

- SEGRETO n. 4: mantieni una costante presenza di annunci anche sulla carta stampata selezionata.

- SEGRETO n. 5: gli annunci sul web devono essere attraenti; immagini e descrizione devono essere in stile "rivista".

- SEGRETO n. 6: sviluppa la tua strategia di Marketing formativo: acquisisci e fidelizza nuovi clienti.

Capitolo 5:
L'appuntamento ottimale

In realtà non esiste "l'appuntamento ottimale", piuttosto esistono delle regole e una "griglia", che comunque va interpretata (una vera e propria messa in scena) con un approccio dinamico, con capacità di adattamento e la giusta flessibilità a ogni specifica situazione di fronte alla quale ci si può trovare. Inoltre gli appuntamenti sono di diverso tipo.

Prima di parlare degli appuntamenti voglio introdurre una prima regola fondamentale, ovvero che per ogni azione svolta bisogna avere chiaro qual è l'obiettivo da raggiungere.

SEGRETO n. 1: individua lo scopo, rimani concentrato su di esso e indirizza ogni tua azione e la tua energia per il suo raggiungimento.

Normalmente, nella maggior parte dei casi, l'azione può avere un obiettivo primario (scopo principale) e uno o più obiettivi secondari (scopi complementari o secondari).

È molto importante ripetere continuamente questo esercizio: allenati a individuare lo scopo e ad agire in funzione dello scopo principale che vuoi raggiungere attraverso l'azione stessa.

Molte volte capita di fare azione... confusa... magari anche con grande dispendio energetico senza raggiungere il risultato al quale avevamo pensato; cosa è successo?

Quasi sicuramente non hai focalizzato bene lo scopo primario di quell'azione e, se ti è andata bene, hai raggiunto qualcuno degli scopi secondari, o, peggio, un nulla di fatto.

Inoltre, quando lo scopo primario è chiaro, pure il nostro linguaggio si "adegua", anche se questo potrebbe essere un meccanismo che va nelle due direzioni: ovvero, se modifichiamo il nostro linguaggio in modo adeguato ai nostri scopi primari, cambieranno "automaticamente" anche i nostri comportamenti e i nostri atteggiamenti.

Utilizza un linguaggio verbale e non verbale in armonia con lo scopo che hai deciso di raggiungere.

SEGRETO n. 2: usa un linguaggio in armonia con lo scopo che hai deciso di raggiungere.

Al riguardo, è importante accorgersi quando stiamo "deviando", e da soli non è per niente facile! Infatti negli ultimi periodi, è sempre più affermata la figura del "coach", ovvero di colui che, emotivamente meno coinvolto di noi, ci affianca in modo oggettivo per tenerci in linea con i nostri obiettivi (e anche altro ovviamente).

Ma cosa accade dopo un appuntamento?

Per esempio, non vi è mai capitato che qualcuno (in ufficio o a casa in riferimento alla tua attività) ti chieda: "Come è andato l'appuntamento?" e tu rispondi: "Bene!"… anche se non c'è stato un vero epilogo o comunque nessuna definizione concreta?

Perché hai risposto "Bene!"?

Analizziamo la motivazione e vediamo quali sono i casi:

Caso 1: oggettivo

Non hai raggiunto lo scopo primario, ma sei comunque riuscito a raggiungere uno o più scopi secondari.

Caso 2: soggettivo

Non hai raggiunto nessuno scopo, né primario né secondario, ma ritieni di aver applicato il metodo e di aver mantenuto il giusto atteggiamento, quindi hai aumentato la tua autostima e la tua esperienza.

Caso 3: soggettivo

Non hai raggiunto nessuno scopo, né primario né secondario, sei consapevole di "non" aver applicato il metodo e di "non" aver mantenuto il giusto atteggiamento, quindi sai perfettamente che il mancato risultato dipende da te… ma l'orgoglio ti impedisce di accettare gli errori commessi (di fronte a te stesso) e figuriamoci se vuoi ammetterli di fronte agli altri.

Questo terzo caso è quello in cui c'è maggiore opportunità di crescita. Ovvero, nel momento in cui cominci ad essere "consapevole" di dove stai sbagliando e dove puoi cambiare, significa che hai già intrapreso la strada verso il miglioramento; o comunque è lì davanti a te che aspetta di essere intrapresa.

Ma anche la domanda "Come è andato l'appuntamento?" è formulata in modo "aperto" così da lasciare spazio alle più svariate risposte.

La domanda corretta (che non lascia spazio a interpretazioni) è: "Come è andato l'appuntamento oggettivamente?".

A questa domanda, così incalzante e precisa, forse anche provocatoria, la risposta può essere soltanto altrettanto precisa e circostanziata. Dell'arte di fare domande parleremo più avanti.

Quindi è importante individuare lo "scopo primario" ed eventualmente (ma solo se sei in grado di gestirlo) anche "scopi secondari". Esempio: organizzo un appuntamento per acquisire un immobile e ottenere l'esclusiva (quale dei due è l'obiettivo primario e quale il secondario?). Il risultato dipende da cosa noi ci siamo prefissati.

SEGRETO n. 3: focalizzati sullo scopo primario, individua gli scopi secondari, ma fai tutto il possibile per ottenere il

primario prima di scendere ai secondari.

Poi è importante considerare che ci sono situazioni dove "non esistono scopi secondari", ovvero c'è solo lo scopo primario, e fallire significa fallire e basta, senza appello.

Per comprendere meglio come sia importante rimanere concentrati sullo scopo, voglio fare questo esempio: in una finale di una partita, il giocatore sta calciando il rigore, se segna la sua squadra vincerà la competizione, se sbaglia perderà. Non c'è appello!

Adesso lui si trova davanti al pallone, vede la porta e il portiere avversario, c'è uno stadio con 50.000 persone che lo stanno osservando, alcuni applaudono altri fischiano, ci sono i compagni di squadra, gli avversari, è stanco per aver disputato la partita… ma in questo momento tutto ciò non esiste…

Il suo unico scopo in quei pochi attimi è: calciare la palla in rete! Il resto non conta… cosa succede se… cosa mi succederà se… cosa potrò fare se… La sua concentrazione sale al massimo, osserva la palla, osserva il portiere e la porta, con lo sguardo intenso, allucinato quasi assente, ma completamente concentrato, l'arbitro fischia e parte: decide dove indirizzare la palla, inizia l'azione, si muovono le gambe, e calcia con decisione e fermezza... e la palla entra in rete: goal!

E dopo un secondo tutto esplode, la felicità del risultato, i complimenti dei compagni, la gratitudine dei tifosi, e via dicendo...

SEGRETO n. 4: decisione + azione = risultato.

A questo punto vediamo di tradurre in pratica quello che abbiamo visto fino ad ora, anche se gli appuntamenti hanno uno scopo comune: la conclusione.

Le frasi che seguono potranno sembrarti banali, ma... è proprio questo il punto: devi sempre avere chiaro cosa vuoi raggiungere. Qual è lo scopo primario di ogni appuntamento.

L'appuntamento di acquisizione ha come obiettivo primario:

l'incarico.

L'appuntamento di vendita ha come obiettivo primario: la sottoscrizione della proposta di acquisto.

L'appuntamento di accettazione proposta ha come obiettivo primario: l'accettazione della proposta.

L'appuntamento al contratto preliminare ha come obiettivo primario: la sottoscrizione del contratto preliminare e l'incasso delle provvigioni (se previsto dagli accordi).

L'appuntamento al rogito ha come obiettivo primario: la firma del rogito e l'incasso delle provvigioni (se previsto dagli accordi).

Non smetterò mai di insistere sull'importanza di avere ben presente il concetto dell'obiettivo primario.

Come detto, gli appuntamenti possono avere anche degli obiettivi secondari, ma, se ritieni di non essere in grado di gestire con padronanza l'appuntamento, mantieni la concentrazione su quelli primari.

In ogni caso, vediamo quali possono essere gli obiettivi secondari per ogni appuntamento.

Appuntamento di acquisizione, obiettivi secondari: creare "feeling" con il cliente e con la sua famiglia, ricevere informazioni sulla situazione generale (tempi, situazione economica, fretta di vendere), verificare presenza di eventuali competitor, ottenere nominativi e informazioni su altri clienti che vogliono vendere…

Appuntamento di vendita, obiettivi secondari: creare "feeling" con il cliente e con la sua famiglia, ricevere informazioni sulla situazione generale (tempi, situazione economica, fretta di acquistare), verificare presenza di eventuali competitor, ottenere informazioni su altri immobili che hanno visto…

Appuntamento di accettazione proposta, obiettivi secondari: conferma delle nostre promesse (abbiamo venduto), aumentare il "feeling" con il cliente e con la sua famiglia, ricevere ulteriori informazioni sulla situazione generale (tempi, situazione economica, fretta di acquistare…).

Appuntamento contratto preliminare, obiettivi secondari: assistenza ai clienti e aumento della loro fiducia, consolidamento della relazione, definizione di eventuali ultimi dettagli e accordi rimasti in sospeso, possibile segnalazione da parte dei clienti di nominativi.

Appuntamento al rogito, obiettivi secondari: consolidamento definitivo della relazione, risoluzione di dettagli e accordi rimasti in sospeso e segnalazione di nominativi; instauro rapporto di fiducia con lo studio notarile, con il quale si può iniziare un futuro rapporto di collaborazione.

Vediamo insieme, adesso, quali sono le regole fondamentali per svolgere un appuntamento in modo ottimale.

Regole per l'appuntamento:

1) Puntualità: è segno di rispetto. Quando suonerete il campanello del vostro cliente, il suo riflesso incondizionato sarà di osservare l'orologio, e si stupirà della precisione e della vostra puntualità! Partire quindi con il piede giusto.

2) Non abbiamo una seconda occasione per fare una "prima buona impressione". Si dice che i primi sette secondi siano determinanti nella creazione della prima impressione (primo "imprinting", la persona si forma "una prima idea di noi").

In questa fase è più importante la comunicazione non verbale, quindi per fare una prima buona impressione fai attenzione al tuo atteggiamento (sguardo fisso/deciso negli occhi e sorriso cortese) e al saluto (stretta di mano decisa).

3) Il giusto abbigliamento per ogni occasione. L'abito fa il monaco. In un ambito professionale, l'abbigliamento deve essere professionale. Meglio se accompagnato da accessori adeguati (borsa, penna ecc.). Insieme alla forma, però, conta anche la sostanza, servono contenuti... diversamente, pur con l'abito giusto, risulti un... "bluff"!

4) Attenzione al linguaggio verbale (ai discorsi, agli argomenti), piuttosto di dire stupidaggini o cose inopportune e negative, ascoltate in silenzio; il silenzio, se usato bene e mirato all'ascolto del nostro interlocutore, esprime più carisma di mille parole. Al vostro cliente non interessano i vostri problemi, o i

problemi di traffico che avete incontrato per andare da lui, o il meteo… voi siete lì per risolvere a lui il problema! Dovete rappresentare soluzioni… quindi non portatevi appresso problemi e negatività, ma soluzioni e atteggiamento pro-positivo!

5) Documenti in ordine! A ogni occasione dovrete essere sempre preparati con la giusta documentazione (che avrete predisposto e controllato in anticipo e con la dovuta cura); anche questo vi rappresenta come persone che sanno bene cosa stanno trattando dando inoltre al cliente la sensazione di essere trattato con rispetto.

Vi è mai capitato di rivolgervi a un "professionista" (tecnico, commercialista, avvocato, notaio o altro…) che, nel prendere in mano la vostra pratica, non riesce a rinvenire i documenti, oppure sono confusi in mezzo ad altre pratiche, o addirittura non li trova? Quale reazione avreste? Cosa vorreste fare in quel momento? Prendere tutto e rivolgervi a un altro! Ecco! Fai attenzione a non generare nel tuo cliente la stessa reazione. Pertanto, documenti in ordine!

6) Telefono spento (non silenzioso, ma spento). Il telefono spento è segno di rispetto verso il cliente, e vi permette anche di rimanere concentrato (mantenere il focus) su quello che state facendo, senza essere distratti da cose che sicuramente potete fare anche dopo l'appuntamento. Una buona strategia è spegnere il telefono davanti al cliente ("Spengo il mio telefono, così non veniamo disturbati, perché quello che dobbiamo fare è molto importante per lei!"); a volte con questo gesto riusciamo a fare in modo che anche lui spenga il suo e questo è ottimale. Nessuno ci disturberà.

7) Il carisma che trasmetti, aumenta la fiducia del cliente nei tuoi confronti. Più alto sarà il tuo carisma, più facile sarà conquistare la fiducia del cliente. Il carisma si trasmette anche con la gestualità, con i movimenti e con la sicurezza di chi si sente bene con se stesso. Quindi essere "in armonia" con quello che si fa e con quello che si dice esprime carisma. Il carisma è dato anche dai tuoi risultati oggettivi (dei quali il cliente deve essere portato a conoscenza); ovvero, se hai già fatto una cosa (ad esempio vendere un immobile da 5,0 milioni di euro) è probabile che potrai farlo una seconda volta (ricordi il capitolo del target?).

8) Obiettivo chiaro in testa. Mantieniti sempre ben concentrato su quello che fai e su quello che devi ottenere (obiettivo primario), questo ti aiuterà anche a indirizzare il colloquio sempre nella giusta direzione, usare gli argomenti corretti e non andare troppo "fuori tema"... scivolando sulle chiacchiere (anche se una parte di queste sono necessarie, soprattutto all'inizio).

9) Prenditi il tempo necessario per preparare l'appuntamento. Non dare per scontato nulla. Concediti del tempo per ripassare gli argomenti, controllare i documenti, prepararti (sia esternamente sia internamente) e non essere troppo compresso con la tempistica; non arrivare in affanno, cerca di giungere con il giusto in anticipo e con le pratiche a posto! Arriva prima e aspetta l'orario esatto per iniziare l'appuntamento.

10)   Impara a fare domande e ascolta tutto quello che il tuo interlocutore ha da dirti. Come vedremo in seguito, fare domande è una capacità importante per la gestione di un "colloquio". Ma se è importante domandare è altrettanto importante ascoltare con interesse sincero e con attenzione, per

cogliere tutto ciò che il nostro interlocutore vuole "trasmetterci". Sai perché abbiamo due orecchie e una sola bocca? Perché dobbiamo ascoltare molto e parlare poco!

SEGRETO n. 5: interiorizza le 10 regole per l'appuntamento ottimale e mettile sempre in pratica.

RIEPILOGO DEL CAPITOLO 5:

- SEGRETO n. 1: individua lo scopo, rimani concentrato su di esso e indirizza ogni tua azione e la tua energia per il suo raggiungimento.

- SEGRETO n. 2: usa un linguaggio in armonia con lo scopo che hai deciso di raggiungere.

- SEGRETO n. 3: focalizzati sullo scopo primario, individua gli scopi secondari, ma fai tutto il possibile per ottenere il primario prima di scendere ai secondari.

- SEGRETO n. 4: decisione + azione = risultato.

- SEGRETO n 5: interiorizza le 10 regole per l'appuntamento ottimale e mettile sempre in pratica.

Capitolo 6:

Il risultato: l'importanza dei numeri

Adesso, fermati un istante.

Pensa a questo momento, ovvero al momento in cui stai vivendo su questo mondo, nella sua complessità, alle relazioni, alla tecnologia, al trasferimento di informazioni.

Adesso prova a pensare a tutto questo se non ci fossero i numeri.

Non è possibile vero? Non è possibile pensare o concepire un mondo come il nostro (attuale) in assenza dei numeri!

Tutto ciò che ci circonda, dalle cose più quotidiane a quelle più astratte, risulta indecifrabile senza i numeri e senza la matematica: i modelli del mondo digitale, la proporzione alla base dell'arte e della bellezza, i fondamenti della logica e della ragione.

Quindi i numeri sono alla base di ogni attività umana, sono alla base della comunicazione, sono alla base della creazione!

I numeri e la matematica sono alla base anche di tutte le attività professionali e commerciali. Quindi i numeri sono importanti anche per te.

In che modo puoi utilizzare i numeri per migliorare? Prima di vedere questo dobbiamo però condividere alcune definizioni:

- i numeri sono oggettivi
- i numeri sono indiscutibili
- i numeri ci mostrano una verità (che ti piaccia o no)
- i numeri sono affascinanti
- un insieme di numeri può essere interpretato in diversi modi.

Quando si parla di una qualsiasi attività commerciale, una delle domande che vengono poste è la seguente: qual è il bilancio? Qual è il fatturato? Quante sono le vendite? ecc…

Ovvero, teoria a parte, nella valutazione oggettiva degli aspetti commerciali, si parte normalmente dai numeri.

SEGRETO n. 1: un'attività ha successo quando i numeri oggettivamente lo dimostrano.

Quindi, tradotto nella tua attività, quali sono i numeri che vanno tenuti sotto controllo?

Quali sono gli elementi "numerici" che devi controllare per poter monitorare l'andamento della tua attività?

Di quali dati ho bisogno per poter sviluppare statistiche e poter predisporre pianificazioni credibili e oggettive?

Vediamo insieme i gruppi di dati necessari:

Tempo

Azioni

Risultati

Ricavi

Statistiche

Pianificazione

Tempo: devo sapere in termini di ore il tempo utilizzato nelle varie attività, in modo da comprendere esattamente come posso pianificare al meglio le mie giornate o settimane lavorative.

Quando parlo di sapere... intendo conoscere e scrivere puntualmente una statistica giornaliera settimanale molto dettagliata, con la descrizione delle varie attività, ad esempio:

Lunedì 19/06/2017

8-9 controllo mail (1h)

9-11 revisione annunci e pubblicità (2h)

11-12 telefonate per fissare appuntamenti (1h)

12-13 appuntamento commercialista per contabilità (1h)

Pausa pranzo

14-15 ricerca (1h)

15-16 appuntamento acquisizione Rossi (1h)

16-17 appuntamento acquisizione Bianchi (1h)

17-19 appuntamento vendita Verdi (2h)

19-20 sistemazione documenti e preparazione lavoro (1h)

Ciò significa che nella statistica (colonna tempo) indicherò:

Lavori ufficio vari	2h
Pubblicità	2h
Telefonate	1h
Gestione contabile	1h
Ricerca	1h
Acquisizioni	2h
Vendite	2h
Totale attività	11h

Questo tipo di analisi va fatto ogni giorno.

Azioni: devi sapere in termini numerici quante sono le azioni che hai svolto, e prendendo l'esempio precedente possiamo riassumere in:

Telefonate per fissare	12
Telefonate in entrata (richieste)	4
Annunci pubblicati	8 (con dettaglio)
Notizie raccolte in ricerca	6 (con dettaglio)
Appuntamenti acquisizione	2
Appuntamenti vendita	1

Risultati: devo conoscere quanti sono i risultati. I commenti li facciamo alla fine, perché sappiamo che, un'azione fatta oggi, mi può portare un risultato anche fra un mese o due. Ma per avere il controllo devo monitorare e dettagliare al massimo l'attività.

Appuntamenti fissati	4
Appuntamenti da richieste	2
Appuntamenti da notizie	2
Acquisizioni con incarico esclusivo	1
Acquisizione senza esclusiva	1
Vendite	0

Ricavi: ovviamente questo è un dato che va visto in un tempo più lungo, magari settimanale o mensile. Soprattutto per il fatto che il ciclo della vendita può avere periodi diversi: a volte si riesce a vendere in una settimana, altre volte servono magari un paio di mesi. Importante, come vedremo poi, è riuscire a estrapolare dati che ti permettano di pianificare esattamente il tuo guadagno.

Statistiche: anche la statistica va sviluppata su periodi più lunghi; più è lungo il periodo, più la statistica è attendibile relativamente alle attività svolte. Ma vediamo quali sono alcune statistiche che possono interessare principalmente:

Annunci/contatti: ovvero quanti contatti sono mediamente generati da un annuncio (distinti per tipologia).

Notizie/acquisizioni: quante acquisizioni si realizzano in funzione di un certo numero di notizie sviluppate.

Telefonate/appuntamenti: quanti appuntamenti ho fissato rispetto al numero di telefonate fatte.

Acquisizioni/esclusiva: delle acquisizioni, quante sono quelle con esclusiva.

Appuntamenti/proposte d'acquisto: quanti appuntamenti

faccio per raccogliere una proposta.

Proposta/vendita: ogni quante proposte realizzo la vendita.

Appuntamenti/vendita: ogni quanti appuntamenti realizzo una vendita.

Venduto/prezzo vendita: per capire qual è la media di prezzo delle tue vendite.

Provvigioni/vendite: quanto produce in termini di fatturato medio una vendita.

E così via, si possono realizzare statistiche in funzione delle necessità. La necessità è quella di controllare la tua attività in modo oggettivo, e interpretare ciò che i numeri ti dicono per capire dove puoi migliorare. I dati statistici sono necessari anche per poter pianificare; ovvero, se conosci quali sono le tue prestazioni, in un determinato mercato, sarai esattamente in grado di pianificare il tuo ricavo, ovvero il tuo guadagno.

Pianificazione: la pianificazione attendibile è possibile con una base statistica ricca di dati. Se tu conosci bene le tue statistiche, potrai sviluppare una programmazione dei tuoi obiettivi e calibrare tutte le azioni relative (ricerca, acquisizioni, pubblicità, telefonate ecc.). Potrai altresì calcolare il tempo necessario, e capire se la tua pianificazione è "oggettivamente realizzabile" oppure no.

La pianificazione è essenziale, perché diventa essa stessa un elemento di controllo, che ti permette, passo passo, di sapere se sei in linea con la tua programmazione (settimanale, mensile, annuale) quindi con i tuoi obiettivi economici.

SEGRETO n. 2: ogni attività di successo si basa sulla conoscenza dei numeri, delle statistiche e sul controllo degli stessi.

Inoltre, l'uso dei numeri e delle statistiche consente di avere un quadro d'insieme dell'attività. Quando ci sono poi dei collaboratori, permette di capire anche le loro diversità, le loro potenzialità, le differenze e le prestazioni.

Insomma, tramite i numeri puoi controllare, dirigere e correggere l'andamento della tua attività!

RIEPILOGO DEL CAPITOLO 6:

- SEGRETO n. 1: un'attività ha successo quando i numeri oggettivamente lo dimostrano.
- SEGRETO n. 2: ogni attività di successo si basa sulla conoscenza dei numeri, delle statistiche e sul controllo degli stessi.

Capitolo 7:
Elementi di comunicazione

La comunicazione è alla base di ogni attività di relazione umana.

Un tale argomento richiederebbe approfondimenti che in questo libro non abbiamo lo spazio per trattare, quindi mi occuperò di alcuni elementi di base che ritengo siano necessari per comprendere determinati passaggi. Al riguardo esiste una letteratura estremamente varia e completa per approfondire il tema.

Cinque studiosi americani, negli anni sessanta, fecero studi riguardo gli effetti della comunicazione sul comportamento umano e fissarono cinque assiomi.

1) Non possiamo non comunicare.

Dal momento che qualsiasi comportamento può essere considerato una forma di comunicazione (anche il silenzio) e poiché non è possibile non assumere "nessun comportamento", ne deriva che risulta impossibile non comunicare. Questo significa che in ogni momento comunichiamo, che sia un'azione consapevole o meno, volontaria o involontaria.

2) La comunicazione possiede un aspetto di contenuto e uno di relazione.

Bisogna distinguere questi due aspetti:

Il contenuto, ossia "cosa" stiamo comunicando (la dialettica), ovvero le parole che utilizziamo.

La relazione, ossia "come" stiamo comunicando (la retorica), ovvero l'insieme di elementi – tono, timbro, volume della voce – che determinano una diversità nella relazione che vogliamo instaurare. Al riguardo, mi piace ricordare sempre la seguente considerazione: tutto si può dire, dipende da come lo si dice.

SEGRETO n. 1: tutto si può dire, dipende da come lo dici.

Molte persone sono attente all'uso corretto del lessico e delle parole (e questo è sicuramente molto importante in qualsiasi comunicazione/relazione), ma trascurano il "come", diventando a volte noiosi o lasciando il proprio interlocutore assolutamente indifferente o addirittura creandogli disagio.

Altre invece sono molto attente anche a come "trasmettono" (modulando la voce, il timbro, alzando e abbassando il tono, facendo pause ecc.) ovvero sottolineano il contenuto con la giusta retorica; in questo caso il messaggio è molto più efficace.

3) L'interpretazione della comunicazione dipende dal punto di vista degli interlocutori.

Se si osserva un processo di comunicazione, ci si rende conto che ogni interlocutore interpreta "a modo suo" ciò che sta accadendo. A seconda del punto di vista, cambia il significato delle comunicazioni e delle relazioni; perciò è importante saper "cambiare prospettiva" o "mettersi nei panni dell'altro" per comprendere meglio e potersi esprimere in modo adeguato al fine di raggiungere una comunicazione efficace.

Tante volte mi è capitato di assistere a un "dialogo" (si fa per dire) e, ascoltando le due persone, mi risultava evidente che sembravano parlare di due cose diverse, e non riuscivano a capirsi… Vi è mai capitato? Provate a pensare se è accaduto anche a voi... pensate se accade con un cliente! Qual è il risultato?

Capita a volta di dire: "Non ha capito nulla!", oppure "Non riesco a farmi capire!" (che è già un po' meglio...).

Ecco! Il più delle volte questo accade perché non riusciamo a metterci "nei panni dell'altro", ovvero non ascoltiamo con sincero interesse ciò che la persona che abbiamo di fronte "sta cercando" di trasmetterci... perché? Probabilmente siamo troppo concentrati su di noi e/o sui nostri obiettivi.

Torneremo su questo argomento anche più avanti.

4) Nella comunicazione si utilizzano linguaggi alfanumerici e linguaggi analogici.

Il linguaggio "numerico" si basa su numeri e lettere: adatto alla comunicazione di notizie e conoscenze teoriche. Il linguaggio "analogico" si basa su simboli, gesti e disegni che hanno una somiglianza (analogia) con la realtà alla quale si riferiscono. La comunicazione analogica esprime in maniera più efficace le emozioni che vogliamo trasmettere.

Il linguaggio numerico si riferisce alla comunicazione verbale (contenuto/dialettica), mentre quello analogico si riferisce alla comunicazione non-verbale (relazione/retorica).

Una comunicazione efficace si ottiene attraverso l'utilizzo equilibrato di queste due modalità.

5) La comunicazione può essere simmetrica o complementare. Si considera simmetrica la comunicazione fra due soggetti "sullo stesso piano". Si considera "complementare" la comunicazione fra due soggetti *up-down* o viceversa, dove uno dei due ha una posizione superiore e una inferiore. Durante la comunicazione, si può ottenere di raggiungere anche una comunicazione simmetrica, ciò dipende dalla capacità e dall'adattabilità dei soggetti.

Durante un colloquio, si può passare più volte da tutte e tre le situazioni, ovvero si può iniziare *up-down* (complementare), passare a un momento dove la comunicazione è simmetrica (sullo stesso piano) e magari finire *down-up* (complementare).

Inutile sottolineare quanto sia importante la comprensione di tutte queste dinamiche, ma ancora più importante, dopo la comprensione, è interiorizzarle con la finalità di migliorare fino all'eccellenza la nostra personale capacità di comunicare.

SEGRETO n. 2: impara i cinque assiomi della comunicazione e tienili sempre ben impressi in testa.

Ne deduciamo pertanto che, alla base di ogni relazione umana di "successo", che sia a carattere personale (di coppia, familiare, di amicizia ecc.) oppure professionale (affari, capo/dipendente, collaboratori ecc.), dobbiamo avere una buona capacità di gestire la comunicazione.

Pertanto, per meglio poter applicare nella pratica le cose fin qui esposte, è importante considerare – sempre – quattro aspetti fondamentali per una comunicazione efficace, ossia:

1. Cosa dire
2. Come dirlo
3. Quando dirlo
4. In quanto tempo dirlo

Quante volte è capitato di dire cose a "sproposito"… o doversi giustificare dicendo "non era questo quello che intendevo"…, o altre situazioni in cui non c'è stata la corretta comunicazione:
il più delle volte ciò è accaduto perché abbiamo tralasciato uno o più di uno dei precedenti aspetti.

SEGRETO n. 3: cosa + come + quando + in quanto tempo.

Mi sembra evidente che non possiamo definire delle "regole" invariabili per stabilire i precedenti quattro aspetti, perché le indicazioni cambiano a seconda delle situazioni. Proprio per questo è importante invece entrare nella pratica.

In particolare, relativamente alla professione trattata in questo libro, vedremo nei prossimi capitoli come applicare questi quattro aspetti alla telefonata e agli appuntamenti con i clienti.

Inoltre, per adottare una corretta "strategia comunicativa" da utilizzare, puoi applicare, sia nella professione, sia in alcuni aspetti della vita personale, una regola interessante:
Comunica con emozione, senza farti guidare dalle emozioni.

SEGRETO n. 4:comunica con emozione, senza farti guidare dalle emozioni.

Quando entriamo in contatto con una persona, si innesca un processo di comunicazione.

Per questo è molto importante comprendere che le parole che utilizziamo hanno un grande impatto nella mente nostra e del nostro interlocutore. Basti pensare a quando si dice: "le parole hanno un peso", oppure "quello che ho da dire mi pesa come un macigno", oppure "mi hai steso con le parole"… e così via.

Tutto ciò dà il senso di quanto sia importante ciò che diciamo, e di quanto ciò possa determinare un cambiamento importante (in positivo e in negativo), a volte perenne e irreversibile, in una relazione, che sia questa personale o professionale.

Quindi, sapendo che le parole hanno un peso e innescano una reazione, è molto importante dosarle (cosa), adottare il giusto modo (come), scegliere il momento adatto (quando) e usare il tempo necessario affinché la comunicazione sia efficace (in quanto tempo).

SEGRETO n. 5: le parole hanno un peso: usa le parole giuste, nel modo più efficace, scegliendo il momento adatto e il tempo necessario, ma senza esagerare.

RIEPILOGO DEL CAPITOLO 7:

- SEGRETO n. 1: tutto si può dire, dipende da come lo dici.

- SEGRETO n. 2: impara i cinque assiomi della comunicazione e tienili sempre bene impressi nella testa.

- SEGRETO n. 3: cosa + come + quando + in quanto tempo.

- SEGRETO n. 4: comunica con emozione senza farti guidare dalle emozioni.

- SEGRETO n. 5: le parole hanno un peso: usa le parole giuste, nel modo più efficace, scegliendo il momento adatto e il tempo necessario, ma senza esagerare.

Capitolo 8:
La telefonata

Molte persone sottovalutano l'importanza della telefonata, in relazione all'ottenimento del risultato. Molte volte il contatto telefonico è il primo che abbiamo con il nostro cliente e anche in questa situazione abbiamo solo un'occasione per fare una prima buona impressione.

Però, a differenza del contatto personale (dove ci si vede e ci si incontra), nella telefonata le possibilità di "manifestare il nostro carisma" si riducono alla dialettica e alla retorica, non potendo entrare in gioco il linguaggio del corpo.

Proprio per questo è molto importante, e ancora di più nel "colloquio telefonico", gestire bene dialettica e retorica: è importante sia cosa dici sia come lo dici!

SEGRETO n. 1: nella telefonata è importante sia ciò che dici

sia come lo dici.

Quindi, visti i presupposti, bisogna acquisire grande capacità di gestione della telefonata.

Elenchiamo e poi analizziamo le dodici regole:
1) Scegli il luogo e il momento adatti
2) Assumi il giusto atteggiamento (fisico e mentale)
3) Focalizzati sull'obiettivo primario della telefonata
4) Documenti sempre pronti e disponibili
5) Segui la "griglia della telefonata"
6) Testo in testa (conoscere il contenuto – il "cosa" dico)
7) Non ripetere la "poesia a memoria", ma rendi "tua" la telefonata (personalizza – il "come" lo dico)
8) Utilizza domande semplici e precise
9) Trasmetti concretezza con emozione
10) Interpreta "la sintonia" dell'interlocutore e adeguati
11) Raggiungi il risultato
12) Esegui un breve check della telefonata che hai appena fatto

Scegli il luogo e il momento adatti

È importante scegliere un luogo tranquillo, dove non vieni disturbato e dove puoi mantenere la giusta concentrazione (va benissimo l'ufficio, avvisando i colleghi o la segretaria che non vuoi essere disturbato per nessuna ragione). Il luogo è importante (meglio se un luogo professionale) perché ti permette di immergerti "nella parte".

È importante il luogo ma anche il momento; questo riguarda più che altro chi devi chiamare, a seconda del tipo di interlocutore e della tipologia di telefonata, dovrai scegliere un orario e una giornata dove il tuo interlocutore può essere rilassato e avere il tempo necessario e la giusta attenzione per poterti ascoltare. In ogni caso, rimanendo in orari in cui non si vada a invadere troppo la sfera "intima e personale" dell'altro; quindi mai troppo presto al mattino e al massimo prima di cena.

Assumi il giusto atteggiamento (fisico e mentale)

Prima di ogni telefonata cerca la "tua forma migliore", e assumi un atteggiamento positivo, già proiettandoti verso un esito positivo; importante anche la postura del corpo (non troppo rilassata), schiena ben dritta e sguardo in avanti, la respirazione sarà più ampia e la voce uscirà più brillante e con meno fatica. Per qualcuno è anche utile rimanere in abbigliamento professionale, perché aiuta a rimanere "nella parte".

Focalizzati sull'obiettivo primario della telefonata

Importantissimo avere le idee molto chiare su cosa voglio ottenere dalla telefonata; me lo devo ripetere tre/quattro volte in modo cristallino, così che mi rimanga impresso bene in mente, proprio prima di comporre il numero.

Documenti sempre pronti e disponibili

Molti trascurano questo particolare, il più delle volte perché sono convinti di ricordare tutto, oppure perché sottovalutano le domande che il nostro interlocutore potrebbe sottoporci; invece è molto importante avere la documentazione a portata di mano; opportuno anche dare un'occhiata alle cose più pertinenti prima di iniziare la telefonata.

Segui la "griglia della telefonata"

Segui sempre la griglia della telefonata, questo ti aiuterà ad essere efficace, e a mantenere il dialogo nei temi prefissati, senza deviazioni.

Di seguito ti propongo una griglia che può essere applicata a tutte le telefonate:

- Saluto e presentazione propria

    Buongiorno Sig. Rossi, sono Piergiorgio Franchini…

- Domanda di cortesia

    La disturbo o ha tempo in questo momento?

- Motivo della telefonata (generico e sintetico)

    La chiamo perché…

- Domanda chiave

    Ma effettivamente lei… è ancora interessato a…

- Ripetizione del motivo (un po' più dettagliato)

    Bene, le dicevo appunto che l'ho chiamata perché…

- Prospettare la soluzione (abbastanza generica)

    Io le posso risolvere rapidamente il problema…

- Tecnica dell'alternativa per fissare l'appuntamento

    Quindi per poterle meglio spiegare di persona la soluzione, quando ci possiamo incontrare, mercoledì o già domani? Preferisce mattina o pomeriggio? Alle 20,00 o alle 15,30?

- Conferma luogo/orario appuntamento, e frase di "motivazione"
Bene, Sig. Rossi, allora ci vediamo in piazza Verdi alle 15,30 puntuali; vedrà che rimarrà soddisfatto delle soluzioni che ho da proporle. Buona giornata.

Ovviamente, la griglia va poi adattata in modo dinamico alle diverse tipologie di telefonata che si andranno a fare, ma la struttura principale rimane sempre la stessa. Maggiore sarà la tua spontaneità nel fare la telefonata, più riuscirai ad essere incisivo ed equilibrato, pur mantenendo la giusta determinazione.

L'altro aspetto importante è ovviamente il ritmo: se sei troppo lento lasci spazio per le obiezioni, se sei troppo veloce rischi di non essere capito. Quindi giusto ritmo!

SEGRETO n. 2: per far sì che una telefonata sia efficace, mantieni il giusto ritmo.

Testo in testa (conoscere il contenuto – il "cosa" dico)
Questo non dovrebbe risultare troppo difficile, anche perché nella telefonata non dobbiamo dilungarci molto in spiegazioni

(l'obiettivo primario, quasi sempre, è quello di fissare l'appuntamento).

Non ripetere la "poesia a memoria", ma rendi "tua" la telefonata (personalizza – il "come" lo dico)

Anche se ti sei creato un tuo "spot" (ovvero una tua telefonata tipo), fai in modo che questa risulti il più possibile spontanea; perciò bisogna lavorare un po' sulla retorica. Normalmente in questo aiuta "visualizzare" la persona; pensando di averla di fronte si attivano dei processi di comunicazione che sono inconsci e la tua dialettica diventa più efficace (non ti è mai capitato di gesticolare al telefono come se la persona fosse di fronte a te?… esattamente quello!).

Utilizza domande semplici e precise

Se l'interlocutore tende a voler gestire la telefonata (ad esempio se non ti segue nella griglia o cerca di cambiare discorso), utilizza domande per rispondere alle sue domande, con la logica di riportarlo all'interno della griglia.

Trasmetti concretezza con emozione

84

Quando esprimi la soluzione, pur senza entrare troppo nel dettaglio, parla di qualche numero; i numeri piacciono alle persone; concretezza ma con emozione: "sono certo che in 30 giorni posso vendere la sua casa e mi immagino che potrà realizzare i suoi 200.000 € e fare subito tutte le cose che ha in mente" (ripetere quelle che sono le sue esigenze).

Interpreta "la sintonia" dell'interlocutore e adeguati

Questo è un aspetto importante, e con un po' di pratica acquisirai anche tu questa capacità. Essenziale avere una minima idea dei principali canali percettivi: visivo, uditivo e cinestesico.

Attraverso l'ascolto delle parole e del tono di voce, si può "interpretare" il canale preferito dal nostro interlocutore e così si può cercare di adeguare il nostro linguaggio e modalità alla sua "sintonia", ne risulterà una comunicazione immediatamente più efficace. Sulla mia pagina Facebook hai a disposizione un video gratuito dove ti spiego le modalità visive, uditive e cinestesiche.

Raggiungi il risultato

Tutto quello che precede è ovviamente finalizzato al

raggiungimento del risultato; quindi, in ogni caso, al termine della telefonata, ottieni il risultato: raggiungerai sicuramente l'obiettivo primario.

Esegui un breve check della telefonata che hai appena fatto

Importante: alla fine di ogni telefonata, esegui un breve check di ciò che hai fatto. Fatti dei complimenti per ciò che hai fatto bene e anche per l'eventuale risultato (ogni risultato va celebrato, non dare mai nulla per scontato); cerca di capire se qualcosa poteva essere fatto meglio, e concentrati per riproporre in seguito ciò che hai fatto correttamente e anche per non ripetere eventuali errori.

SEGRETO n. 3: segui tutte le 12 regole per la telefonata ottimale.

Quindi, voglio di nuovo sottolineare come una telefonata fatta bene oltre a conferire già una buona "reputazione" (prima impressione), crei le premesse per un appuntamento più efficace. E per dirla in sintesi:

Telefonata leggera = Appuntamento pesante

Telefonata pesante = Appuntamento leggero.

SEGRETO n. 4: vale questa regola: telefonata leggera = appuntamento pesante e telefonata pesante = appuntamento leggero.

RIEPILOGO DEL CAPITOLO 8:

- SEGRETO n. 1: nella telefonata è importante sia ciò che dici sia come lo dici.

- SEGRETO n. 2: per far sì che una telefonata sia efficace, mantieni il giusto ritmo.

- SEGRETI n. 3: segui le 12 regole per la telefonata ottimale.

- SEGRETO n. 4: vale questa regola: telefonata leggera = appuntamento pesante e telefonata pesante = appuntamento leggero.

Capitolo 9:
La logica della vendita

La vendita si basa su due fasi:

1 – Riconoscere (anche creare) la necessità

2 – Soddisfare l'esigenza.

Può sembrare banale, ma fino a quando queste due semplici fasi (direttamente collegate fra loro) non diventano profondamente tue e condivise, senza se e senza ma, allora avrai le fondamenta per diventare un eccellente venditore.

Altrettanto importante è comprendere come la "logica della vendita" attraversi ogni fase della nostra vita, anche le nostre scelte personali… non solo professionali.

Come esempio genitore/figlio:

un genitore chiede o addirittura comprende senza chiedere quali sono le esigenze di un figlio, e (senza entrare qui in considerazioni legate all'educazione) cerca di soddisfarle.

Nel caso di genitore/figlio è il più delle volte un atteggiamento naturale, lo stesso dovrebbe essere tra venditore e cliente: l'atteggiamento del venditore deve essere naturalmente rivolto alla soddisfazione dell'esigenza del figlio/cliente.

Nella tua attività, quindi, è essenziale concentrarsi con tutti i tuoi clienti innanzitutto sulla prima fase: riconoscere (e poi vedremo anche creare o aumentare) l'esigenza.

Cosa significa "riconoscere le esigenze"? Vuol dire entrare in relazione con il nostro cliente, al fine di comprendere ogni aspetto delle sue esigenze, da quelle strettamente materiali a quelle soprattutto emozionali. Per fare questo dobbiamo sviluppare una dote (di pochi purtroppo) che è quella di ascoltare!

Non ti è mai capitato (per svariati motivi) di rivolgerti a tua volta a qualcuno (a un collega o al commesso di un negozio oppure a un venditore di auto...) e ancora prima che tu esprimessi una qualsiasi preferenza questa persona avesse già iniziato a inondarti di parole? Del tipo: "guardi questo, veda quest'altro ecc. quale è stata la tua sensazione?

Oppure altri che invece vi accolgono con un saluto cordiale e con un sorriso e iniziano facendovi sentire a vostro agio e poi vi rivolgono qualche domanda: qual è la tua sensazione?

Ecco, proprio questo è il punto.

Saper ascoltare, con sincera attenzione, e condurre il dialogo sugli argomenti che ci interessano (da un punto di vista professionale).

Per questo vedremo, nel prossimo capitolo, come l'arte di fare domande permette di instaurare un dialogo "costruttivo, professionale e cordiale" con il nostro interlocutore.

E questo riguarda in particolare la tecnica.

SEGRETO n. 1: impara ad ascoltare con sincero interessamento. Ascolta tanto e parla poco.

C'è però un aspetto altrettanto importante, che va oltre la pura tecnica da "venditore" ed è quello che fa la differenza tra un "bravo venditore" e un "venditore eccellente".

Mi spiego: se analizziamo quali sono le motivazioni che spingono una persona a vendere/comperare, scopriamo che la motivazione "profonda" è esclusivamente "emozionale". Cosa succede però? Che la persona stessa non manifesterà mai apertamente (salvo qualche eccezione) questa "motivazione emozionale profonda", quindi (per protezione, per pudore, per timore...) esprimerà principalmente una motivazione "materiale", oppure "emozionale superficiale". Se riconosciamo la "motivazione emozionale profonda" potremo condividere con il nostro cliente il "suo sogno" e trovare la soluzione perfetta per lui.

Voglio essere chiaro su questo argomento, perché la sua comprensione diventa una chiave importante per aiutare e per comunicare con il tuo cliente, sin dai primi momenti: facciamo un esempio: marito e moglie hanno condiviso un periodo di profonda intimità di coppia nella giovinezza; è arrivato un figlio; vivono ancora nel bilocale (una sola camera), il figlio cresce e nasce l'esigenza di una casa più grande. Almeno una camera in più.

Questa coppia viene da te e se tu correttamente gli chiedi quale sia il motivo per cui stanno cercando un'altra casa di solito la risposta è: "nostro figlio sta diventando grande e vorremmo una stanza in più, poiché ha bisogno dei suoi spazi" (o comunque qualcosa del genere).

E questo è parzialmente vero, ma la motivazione profonda emozionale di questa coppia è che con l'arrivo del figlio, crescendo, hanno dovuto cambiare le loro abitudini "intime" e adesso non hanno più spazi per la loro vita di coppia (qualcuno si ritrova in questa situazione, vero?). Allora il sogno veramente qual è? Riappropriarsi di uno spazio intimo di coppia: la propria camera "matrimoniale", l'alcova…

Questo è un esempio, anche abbastanza banale, ma è utile per farti capire come dobbiamo cercare di interpretare le esigenze dei nostri clienti.

Se comprendiamo bene questi meccanismi, saremo in grado anche di proporre le corrette soluzioni e di individuare le concrete modalità per accompagnare il cliente verso una decisione. E sappiate che il cliente si rende conto perfettamente se voi siete "connessi" alle sue esigenze o se invece state facendo "altro".

SEGRETO n. 2: riconosci l'esigenza emozionale profonda del

tuo cliente, non fermarti in superficie.

Per poter poi arrivare alla conclusione è altrettanto importante saper condurre la seconda parte della logica della vendita, ovvero: soddisfare l'esigenza! Non bisogna né sottovalutare né banalizzare questa affermazione.

Qual è il senso: il nostro cliente avrà una serie di esigenze, alcune più importanti (primarie) altre meno (secondarie); alcune avranno carattere più razionale e altre invece emozionale. La capacità del "venditore eccellente", oltre a saper riconoscere tutte queste esigenze, è proprio quella di individuare "la soluzione" che soddisfi le soddisfi tutte o quantomeno la maggior parte.

La capacità del "venditore eccellente" è presentare al cliente la soluzione coinvolgendolo sia da un punto di vista razionale sia emozionale.

SEGRETO n. 3: il venditore eccellente coinvolge sia razionalmente sia emozionalmente.

Nella logica della vendita il processo presuppone alcuni aspetti.

- Il venditore deve abbandonare la propria opinione (nel senso che è normale avere una propria opinione, ma la tengo per me); stiamo trovando una soluzione al nostro cliente; non è importante quello che noi pensiamo; lo manifesteremo solo ed esclusivamente su richiesta specifica del cliente. Quando il cliente ci chiede "Lei cosa ne pensa?"... cosa vuole in realtà? Vuole essere rassicurato/appoggiato. E la nostra risposta dovrà essere in equilibrio tra razionalità ed emozionalità, toccando i tasti giusti per orientarlo verso una decisione!

- Ma come dobbiamo esprimerci nella logica della vendita? Dobbiamo utilizzare tutti i canali di percezione della comunicazione (visuale – uditivo – cinestesico) per essere in massima sintonia con il nostro cliente, e far sì che il messaggio arrivi corretto e con la maggiore efficacia possibile.

Per questo dobbiamo "coprire" la sfera complessiva della comunicazione, quindi:
- Metteremo in campo il nostro massimo carisma, tramite il

contenuto + comportamento + linguaggio.

- Andremo a sottolineare la parte razionale affinché non ci siano dubbi da parte del cliente.

- Svilupperemo maggiormente la parte emozionale (vedi esigenza emozionale profonda) perché è in quest'area che si prendono le decisioni.

SEGRETO n. 4: nel momento della decisione, la dominante non è razionale ma emozionale.

Poi bisogna agire. Perché "il prodotto" (immobiliare) da solo non si vende. Potrebbe essere esattamente quello che lui sta cercando, ma comunque serve un'azione da parte del venditore.

SEGRETO n. 5: il prodotto da solo non si vende: è necessaria l'azione del venditore.

Questo momento, quello dell'azione finale, può essere quello più delicato; è il momento in cui, se il venditore ha dei dubbi, questi dubbi lo assalgono, comincia a manifestare insicurezza, la trasmette al cliente; e, alla prima obiezione, si arrende.

Il più delle volte l'ostacolo più grande verso la vendita è proprio la figura del venditore stesso.

In questa fase, la capacità del venditore eccellente è quella di "indirizzare" e di comprendere il momento della decisione (del cliente); e a quel punto procedere (compilazione dell'incarico o della proposta).

La capacità è proprio quella di "cogliere l'attimo" (il famoso *Carpe diem*), in tutte le situazioni esiste un momento, uno stato di picco (potremmo definirlo un momento di euforia reciproca), che il venditore deve cogliere, perché quello è il momento giusto per agire!

Ovviamente per fare questo in modo consapevole serve essere:

1) **Concentrato**: occorre concentrazione assoluta; ci si chiude in ufficio e non bisogna essere disturbati da nessuno, nemmeno dal telefono.

2) **Dinamico**: devi essere dinamico, ovvero pronto a risolvere i piccoli "problemi" che potrebbero portare indecisione o,

peggio, al rinvio della decisione. Dinamismo intelligente!

3) **Sensibile**: la sensibilità di non "urtare" il cliente su argomenti che potrebbero essere delicati; capacità di coinvolgere tutta la famiglia (moglie, figli ecc.).

4) **Determinato**: con la consapevolezza che nel 90% dei casi non avrò una seconda occasione come questa per poter concludere.

5) **Preparato**: essere pronto ad affrontare tutte le situazioni, e avere tutto ciò che ti serve a portata di mano, senza dover rinviare nulla (documenti, contratti, allegati e quant'altro).

SEGRETO n. 6: nella maggior parte dei casi, avrai una sola occasione per concludere: quello è l'unico momento, non lasciarlo passare: *Carpe diem* = cogli l'attimo!

RIEPILOGO DEL CAPITOLO 9:

- SEGRETO n. 1: impara ad ascoltare con sincero interessamento. Ascolta tanto e parla poco!

- SEGRETO n. 2: riconosci l'esigenza emozionale profonda del tuo cliente. Non rimanere in superficie.

- SEGRETO n. 3: il venditore eccellente coinvolge sia razionalmente sia emozionalmente.

- SEGRETO n. 4: nel momento della decisione, la dominante non è razionale ma emozionale.

- SEGRETO n. 5: il prodotto da solo non si vende. È necessaria l'azione del venditore.

- SEGRETO n. 6: nella maggior parte dei casi avrai una sola occasione per concludere. Quello è l'unico momento, non lasciarlo passare: *Carpe diem*!

Capitolo 10:
Chi domanda... comanda

L'arte di ascoltare è una caratteristica essenziale per un eccellente venditore; sottolineo ascoltare (non sentire). Ascoltare con attenzione e con sincero interesse.

Ma per ascoltare, dall'altra parte deve esserci qualcuno che comunichi con noi (in maniera verbale e non verbale), che interagisca con noi.

Allora, quando scende l'imbarazzo del primo colloquio fra due estranei, come lo è nella maggior parte dei casi fra cliente e venditore, almeno nel primo appuntamento, la "palla" deve essere presa dal venditore, che attraverso "domande" rompe il ghiaccio, cercando di mettere a suo agio il cliente (creare feeling) per poi (ma solo dopo) cercare di comprenderne le reali esigenze.

È altrettanto vero che una buona parte di verità sulle esigenze o aspettative o desideri del cliente emerge già durante i primi scambi di battute, può trasparire da alcuni dettagli, da alcune parole, da alcuni atteggiamenti.

Quindi è importante "ascoltare" il cliente, non solo con le orecchie, ma con tutti gli altri canali percettivi.

Impara a "sentire" il cliente attraverso tutti i canali neuro percettivi (VAC) ma fidati anche del tuo intuito, delle tue sensazioni.

SEGRETO n. 1: impara e allenati ad ascoltare, impara e allenati a "sentire".

Tecnicamente, per condurre un colloquio, bisogna imparare l'arte di porre domande. Se poniamo le domande giuste otterremo risposte adeguate, se poniamo le domande sbagliate otterremo risposte inadeguate.

Quindi, se vogliamo "condurre" il colloquio, è fondamentale la capacità di formulare le domande.

Anche in questo caso, ovvero quello di fare domande, sono importanti il "cosa", il "come" e il "quando".

È importante sapere "cosa" domandare, ovvero qual è il tipo di risposta, oppure a quale argomento voglio sia rivolta l'attenzione del mio interlocutore.

Altrettanto importante è sapere "come" domandare, ovvero quale retorica devo usare per quella specifica domanda, per quello specifico argomento.

Inoltre, è da considerare con particolare attenzione il timing cioè "quando" faccio la domanda. Il tempo deve essere quello giusto, se lo faccio prima "mi brucio" per aver anticipato troppo i tempi (e il mio interlocutore non è ancora sufficientemente "aperto/pronto" per rispondermi a quella specifica domanda), oppure faccio la domanda troppo tardi, e ormai la curva di interesse del mio interlocutore è scesa, quindi ho perso il momento (ricordi? *Carpe diem*), quindi la domanda perde di efficacia.

Per ogni risposta che vuoi ottenere esiste una domanda ben precisa ("cosa") fatta con la giusta retorica e con il corretto atteggiamento ("come") e soprattutto senza sbagliare il timing ("quando").

SEGRETO n. 2: per formulare una domanda è importante cosa + come + quando.

Esistono inoltre diversi tipi di domande, che permettono diversi tipi di risposte; l'arte di domandare sta anche nel conoscere le diverse tipologie di domande affinché tu possa "controllare" il tipo di risposta che vuoi ottenere (bada bene che ho detto il tipo di risposta che vuoi e non la risposta che vuoi).

SEGRETO n. 3: se vuoi risposte adeguate, devi formulare domande appropriate.

Elenchiamo le principali tipologie di domande:

Domanda chiusa: sono quelle che presuppongono una risposta secca, non lasciano spazi di interpretazione (ad esempio: "Le piace il gelato al limone?", la risposta può essere solo sì/no).

Domanda aperta: sono quelle che lasciano spazio a una risposta "colloquiale" (ad esempio: "Mi parli di…", oppure: "Cosa ne pensa?", o ancora: "Cosa intende?").

Domanda retorica: sono quelle che lasciano un "finto" spazio di risposta spontanea, ma che inducono a una risposta già data per scontata. Non è il caso di abusare con troppe domande retoriche, ci sono persone che non sopportano di essere "imboccate"…

Domanda alternativa: molto utile in determinati frangenti, perché ponendo due o più alternative induce l'interlocutore (di solito) a scegliere fra le alternative proposte.

Domanda suggestiva: interessante in particolari momenti del colloquio per creare una giusta suggestione relativamente all'argomento trattato in quel momento.

Domanda di controllo: domanda che permette di capire se il tuo interlocutore ha compreso/memorizzato argomenti o informazioni già trattate.

Domanda insidiosa: è una domanda che nasconde un'insidia, un pericolo o un inganno. Viene utilizzata a volte nelle interviste.

Domanda motivante: è una domanda che viene posta per "motivare" il nostro interlocutore verso qualcosa.

Domanda di conferma: domanda che permette di avere certezze su argomenti già trattati e per i quali si richiede una conferma.

Domanda "Sì o No": domanda secca (chiusa) che prevede esclusivamente una tra le due risposte.

Domanda provocatoria: domanda che tende a "generare una reazione" da parte dell'interlocutore.

Domanda informativa: domanda che presuppone una risposta che contiene l'informazione richiesta nella domanda stessa.

Ovviamente la conoscenza delle varie tipologie di domande, e la capacità di formularle in modo corretto e opportuno in relazione alla circostanza, non è di per sé sufficiente; serve anche una precisa strategia rispetto a "dove si vuole arrivare"; ovvero sarò in grado di condurre un colloquio tramite domande solo se avrò ben chiaro qual è l'obiettivo che voglio raggiungere.

SEGRETO n. 4: per condurre un colloquio tramite le domande servono una giusta strategia e chiarezza su dove si vuole arrivare.

In definitiva, guidare un colloquio tramite le domande è un'arte che presuppone non solo una buona capacità dialettica, ma anche dinamismo, capacità di adattamento alla situazione e fantasia nel trovare soluzioni e "strade" brillanti per giungere alla conclusione.

RIEPILOGO DEL CAPITOLO 10:

- SEGRETO n. 1: impara e allenati ad ascoltare, impara e allenati a "sentire".

- SEGRETO n. 2: per formulare una domanda è importante: cosa + come + quando.

- SEGRETO n. 3: se vuoi risposte adeguate, devi formulare domande appropriate.

- SEGRETO n. 4: per condurre un colloquio tramite domande, servono una giusta strategia e chiarezza su dove si vuole arrivare.

Capitolo 11:
Tecnica di conclusione

Ovviamente, tutto quello che abbiamo visto in precedenza ha una logica per arrivare all'obiettivo finale: la conclusione.

Per arrivare alla conclusione esiste una tecnica, che permette al venditore di guidare il "colloquio" e condurre l'interlocutore verso la decisione (altresì chiamata "conclusione").

È importante, durante tutto il tempo dell'appuntamento, rimanere concentrati affinché si possa arrivare alla conclusione: l'obiettivo è la conclusione, o meglio la decisione (sì/no).

Se ho fatto bene tutto il mio lavoro probabilmente arriverò al Sì!

Se ho trascurato qualcosa il risultato sarà probabilmente un rinvio o addirittura un No!

SEGRETO n. 1: mantieni la concentrazione e il focus sull'obiettivo dell'appuntamento: la conclusione.

Per arrivare a una conclusione, è necessario che, nel corso dell'appuntamento/colloquio, e mano a mano che abbiamo progredito, si siano affermati dei punti, tramite la formulazione di precise "domande chiave".

Le domande chiave vengono formulate sostanzialmente per ottenere conferma di tutto ciò che si è visto/discusso fino a quel momento e proiettare un'ipotesi di conclusione positiva verso la fine del colloquio.

Esempio di domanda chiave: "Bene, Signor Rossi, abbiamo visto fin qui alcuni degli immobili, e lei mi ha già manifestato la sua preferenza per quello..., adesso, se trova la giusta soddisfazione anche nelle condizioni economiche per l'acquisto, prepariamo la proposta oggi stesso, esatto?"... e così potrebbero essere formulate varie domande chiave.

Importante sottolineare alcuni aspetti caratteristici e ricorrenti nella domanda chiave, precisamente:

1 – la prima parte contiene la conferma di ciò che è già stato visto/discusso e delle manifeste preferenze del cliente.

2 – la seconda parte (centrale) stabilisce quali sono ancora gli aspetti mancanti per giungere alla decisione.

3 – la terza parte "pone la condizione" per la quale poi si arriverà alla decisione.

Ovviamente, la parte "dialettica" deve poi essere accompagnata dall'azione; ovvero una volta fatte le domande chiave nei momenti e nei modi giusti, una volta ottenute le conferme da parte del cliente, alla fine bisogna "agire" mettendo la proposta/incarico sul tavolo (solo in questo momento e non prima) e cominciare a compilare il documento.

Anche in questa fase ci vogliono ritmo e determinazione ed è necessario continuare con la tecnica delle domande ("Bene, signor Rossi, la proposta la intestiamo a lei o a sua moglie?"... "Ho bisogno dei suoi dati anagrafici, meglio se mi dà un suo documento..." E nel frattempo comincio a scrivere...).

SEGRETO n. 2: utilizza sempre le domande chiave. Senza le domande chiave non si giunge alla conclusione.

Alcune volte il cliente ci segue (e procede nella compilazione e sottoscrizione della proposta/incarico) altre volte questa modalità provoca una reazione da parte sua, che dice: "Ma cosa sta facendo?", oppure: "No, ma io ci voglio pensare"…
È successo qualche volta, vero?

Nel primo caso significa che abbiamo lavorato bene, abbiamo formulato le domande chiave in modo chiaro, incisivo e inequivocabile, e abbiamo di fronte un cliente "onesto e deciso";
nel secondo caso potrebbero esserci due possibilità. Potremmo non aver formulato in modo incisivo la domanda chiave (e quindi il cliente ha ancora dei dubbi da chiarire), oppure il nostro cliente non è stato onesto e ha risposto alla domanda chiave pur non avendo "intenzioni serie".

Quindi (nel secondo caso) cosa dobbiamo fare?

Richiudo la cartelletta, poso la penna (che è la nostra "arma"), quindi con il linguaggio del corpo cerco di tranquillizzare il nostro cliente, e ricomincio con le domande per capire quali sono ancora le esigenze che lui vuole vengano soddisfatte per poi decidere.

In questi casi la domanda potrebbe essere: "Ah, bene, Signor Rossi, forse ho capito male io prima, quando le ho fatto alcune domande relativamente alla sua intenzione di procedere oggi stesso! Ma mi dica, cosa intende esattamente…?". Quindi, sempre attraverso domande precise, cerchiamo di circoscrivere e individuare quali sono gli "ostacoli" alla decisione; utilizza le obiezioni come se fossero gradini di una scala per arrivare alla conclusione… al Sì!

Quindi, una volta identificate le obiezioni, elabora le soluzioni affinché possano essere soddisfacenti e "inattaccabili", e poi torna ad aprire la cartella e impugna la penna per procedere alla compilazione e sottoscrizione dell'incarico, della proposta o del contratto.

SEGRETO n. 3: considera ogni obiezione un gradino su cui appoggiarti per risolverla e arrivare alla conclusione.

Quando tratti le obiezioni del cliente, in questa fase ormai avanzata della trattativa, devi dare giusto equilibrio alla parte emotiva e a quella razionale (numeri, prezzo, metri quadri, cifre), con una predominanza verso il razionale all'inizio, per poi spostare il peso verso la parte emotiva sul finale.

Ti ho già detto che il momento, l'istante della decisione non è mai razionale ma è sempre emozionale: non dimenticare mai questa dinamica mentale inconscia.

SEGRETO n. 4: l'istante della decisione non è mai razionale, ma è sempre emozionale.

Quindi: buona conclusione!

Una volta compilato e sottoscritto il documento, non dimenticare di "suggellare il momento", devi rassicurare e motivare: una stretta di mano (a conferma del patto) e la motivazione. Ad esempio, puoi dire: "Ha preso la decisione migliore, vedrà che sarà pienamente soddisfatto. Complimenti!". Nella vita quotidiana le persone non sono abituate a sentirsi dire cose di questo genere.

SEGRETO n. 5: conferma il patto e rassicura sul risultato.

RIEPILOGO DEL CAPITOLO 11:

- SEGRETO n. 1: mantieni la concentrazione e il focus sull'obiettivo dell'appuntamento: la conclusione.

- SEGRETO n. 2: utilizza sempre le domande chiave; senza le domande chiave non si giunge alla conclusione.

- SEGRETO n. 3: considera ogni obiezione un gradino su cui appoggiarti per risolverla e arrivare alla conclusione.

- SEGRETO n. 4: l'istante della decisione non è mai razionale, ma è sempre emozionale.

- SEGRETO n. 5: conferma il patto e rassicura sul risultato.

Capitolo 12:
Tu fai la differenza

Tu fai la differenza.

Non è uno slogan, ma una verità assoluta, un assioma.

Ciò che corrobora la precedente affermazione si può evincere dalle seguenti considerazioni:

1) Il mercato è uguale per tutti? Sì.

2) Il prodotto è uguale (disponibile) per tutti? Sì.

3) Il sistema commerciale è uguale per tutti? Sì.

Allora perché qualcuno ottiene maggiori risultati rispetto ad altri?

Perché sembra che a qualcuno tutto riesca semplice, mentre per altri le cose sembrano sempre complicate?

La differenza sta nella persona. Ovvero, la differenza la fai tu.

SEGRETO n. 1: sei tu il fattore che fa la differenza.

Certo, anche gli strumenti sono disponibili a tutti, come ad esempio la "formazione", ma c'è qualcuno che pensa che formarsi sia superfluo, che sia sufficiente l'esperienza maturata negli anni, che… "tanto io so bene come funziona, non ho bisogno di andare ad imparare niente altro"… oppure "tanto sono sempre le solite cose"…

È innegabile: l'esperienza è fondamentale, aver operato sul campo, magari per tanti anni, ha ormai consolidato dei comportamenti e delle modalità! Ma se attraverso la formazione fosse possibile potenziare in modo esponenziale l'esperienza che hai già acquisito?

L'esempio che faccio sempre è il seguente: due persone, identiche per caratteristiche, per età, per provenienza, per cultura, per capacità, per esperienza… di cui una si è aggiornata e formata mentre l'altra no.

Quale delle due otterrà maggiori risultati?
Quale delle due farà meno fatica a gestire le situazioni?
Quale delle due venderà di più e guadagnerà di più?
Io non ho dubbi sulla risposta!

La formazione è un bagaglio, è uno scrigno dove ognuno di noi può andare a prendere lo strumento che serve in quella particolare situazione, in quel particolare momento.

Quindi l'esortazione è: se vuoi migliorare la tua persona (e di conseguenza la tua vita e la tua professione) la formazione diventa imprescindibile.

SEGRETO n. 2: la formazione è necessaria. Per ottenere risultati eccellenti diventa imprescindibile.

Un altro aspetto importante della formazione, aspetto molto concreto, è che la persona che si forma "attinge all'esperienza degli altri" e quindi non deve investire tutto il tempo (che è già stato investito da altri) per fare quell'esperienza.

A una condizione: avere fiducia nel mettere in pratica ciò che imparo e che è frutto dell'esperienza degli altri; questo ovviamente non è facile, perché a volte siamo "diffidenti" addirittura verso le nostre esperienze (vissute direttamente) e il motivo è da ricercare nel fatto che probabilmente non abbiamo "compreso" in tutti i suoi aspetti l'esperienza stessa. Risulta pertanto abbastanza difficile "fidarsi" dell'esperienza degli altri, ma se si vuole accelerare il processo di crescita, per ottenere risultati eccellenti, questa è una *conditio sine qua non*.

L'investimento che ognuno di noi fa nella formazione ovviamente ha un costo; un costo economico, un costo di tempo per il corso, un costo di tempo per lo studio e per l'apprendimento.

Ma qual è il costo, sia in termini economici sia in termini di tempo (…il tempo è vita!), necessario per acquisire gli strumenti che mi vengono messi a disposizione dalla formazione? Mesi? Anni? A volte mi capita di incontrare persone "mature" (che lavorano in qualche settore della vendita) che non hanno ancora la minima idea neppure delle basi più elementari della comunicazione o della logica della vendita… e la cosa che mi fa rabbia è che molte volte sono persone con talenti importanti… quindi mi chiedo cosa avrebbero potuto fare queste persone, affrontando una corretta formazione e con i loro talenti?
Avrebbero vissuto una vita straordinaria e avrebbero contribuito anche a far vivere ad altri una vita migliore!

SEGRETO n. 3: non basta la formazione, serve la fiducia. Non basta il talento, serve la pratica quotidiana.

Quando parlo di formazione intendo a 360 gradi. Cosa voglio dire? Si può affermare che la persona è composta da tre elementi: mente + corpo + spirito.

Abbiamo anche detto in precedenza come sia importante, nella relazione con gli altri (in generale) e nella relazione con i clienti (in particolare), esprimere "armonia", esprimere "carisma" e conquistare la fiducia.

Il massimo carisma si esprime però quando una persona è completamente in armonia: cosa significa?

Armonia tra mente/corpo/spirito, significa che ognuno di questi elementi deve essere costantemente nutrito e in evoluzione, e deve essere in armonia con gli altri due:

- **La mente** viene nutrita dalla conoscenza, dalle informazioni, dalla lettura, dalla cultura; quando impariamo qualcosa di nuovo, normalmente ci sentiamo entusiasti e il più delle volte si afferma "adesso ho capito…" e c'è una sorta di soddisfazione, di appagamento, perché abbiamo la sensazione di aver trovato delle possibili soluzioni ai nostri problemi.

- **Il corpo** deve essere curato/nutrito; intendo custodito, sostenuto con la giusta attività fisica, nutrito con una corretta alimentazione, coccolato con adeguate cure anche nell'aspetto estetico; quando siamo a posto fisicamente, anche la nostra fisiologia cambia e ci sentiamo "meglio"… "come stai?"… "oggi mi sento particolarmente in forma!"… "Oggi sei raggiante!"… Stare bene e sentirsi bene può fare la differenza?

Certamente sì! Per noi e per coloro che ci stanno intorno! Ovviamente serve impegno!

- **Lo spirito**! Come possiamo alimentare la parte spirituale? Come possiamo alimentare la nostra anima? Possiamo farlo con la preghiera (non parlo solo di religione…), con la meditazione, dedicando un po' del nostro tempo agli altri, donarci… Possiamo alimentarla anche con letture adatte, partecipando a corsi su argomenti attinenti, seguendo pratiche specifiche ecc.

Ognuno per quello che preferisce, o per quello che maggiormente "è nelle proprie corde". Anche in questo non voglio entrare nello specifico di cosa sia meglio o meno... ognuno sa qual è la cosa più adatta per sé stesso.

Qualcuno probabilmente pensa che questa componente non sia così importante, e può avere opinioni diverse o particolari sul tema (che non voglio disquisire in questo libro), ma per essere completamente in armonia, anche lo spirito deve esserlo; capita a volte di avere di fronte qualcuno... di bell'aspetto, in forma fisica splendida, ben vestito, competente, con ottima dialettica e con capacità retorica, perfetto nell'applicazione del metodo... ma avete la sensazione che ci sia qualcosa che non va... vi è mai capitato di dire "non so perché questa persona non mi ispira fiducia"... e voi percepite che, da un certo punto di vista, manca qualcosa.

Bene, questa sensazione non arriva né dal corpo né dalla mente, ma dalla vostra "anima"; è un livello di percezione "sottile", il più delle volte inconscio, che però difficilmente sbaglia, e che "vede" o "sente" cose che a livello fisico e mentale non si possono percepire.

SEGRETO n. 4: armonia ed equilibrio tra mente, corpo e spirito sono la massima espressione di carisma.

Quindi, quando questi tre elementi sono in armonia, in equilibrio, esprimo il massimo carisma e ispiro il massimo della fiducia, perché la gente non vuole avere a che fare con persone/professionisti mediocri. La maggior parte delle persone è attratta da chi è in armonia ed esprime carisma. Parliamo di chi al proprio passaggio sposta l'aria e muove l'energia... non c'è bisogno che chi è così parli o sia vestito in un modo particolare... È e basta!

Non è sufficiente essere competenti o capaci, bisogna esprimere carisma, trasmettere fiducia ed essere eccellenti!

Esempio: una volta mi è capitato di andare da un medico e parlare della nutrizione e della dieta; questo medico mi ha detto di avere un metodo eccezionale per dimagrire… peccato che lui pesasse 120 chili… secondo voi cosa ho pensato? Ho utilizzato quel metodo? Non sono riuscito a prenderlo in considerazione.

Eppure la persona che avevo di fronte era competente (almeno in linea teorica…) in quanto medico (mente).

Era una persona con la quale abbiamo condiviso alcune considerazioni su determinati aspetti "spirituali" e avevo percepito delle buone sensazioni. Ma era assolutamente in disarmonia con il suo corpo, perché il suo corpo mi diceva il contrario di tutto ciò che lui cercava di dimostrarmi a parole…

Il risultato è che la "disarmonia" di questa persona mi ha indotto a non prendere neppure in considerazione la dieta che mi stava proponendo, anzi, a un certo punto dell'appuntamento, ho cominciato a sentire anche un certo disagio e non vedevo l'ora di andarmene.

Al contrario mi è capitato, in altri contesti, di incontrare persone talmente in "armonia" tra quello che dicevano e ciò che manifestavano (grande carisma) che mi avevano convinto (trasmesso piena fiducia) ancora prima di analizzare i dettagli della proposta che mi stavano facendo!

Sono sicuro che queste situazioni sono capitate anche a te..

Allora? Quindi?
Quale fra queste due tipologie di persone pensi di essere?
Quale fra queste due tipologie di persone vuoi essere?

La differenza è proprio questa, fra chi ottiene risultati eccellenti e chi combatte ogni giorno per sopravvivere e rimanere nella media, o peggio ancora nella mediocrità.
Formazione continua ed esperienza sul campo, è un'equazione che porta a ottenere risultati eccellenti!

Le persone che hanno fatto veramente la differenza (sia per loro stesse ma soprattutto per gli altri), in qualsiasi campo sia personale sia professionale, sono quelle che non si sono accontentate di essere discreti, o ottimi, ma hanno sempre voluto essere eccellenti, straordinari, ovvero fuori dall'ordinario. Proprio questo è il punto. Non lasciarti ingoiare dall'ordinario ma sviluppa abitudini straordinarie, puntando a raggiungere l'eccellenza.

SEGRETO n. 5: per fare la differenza, devi puntare all'eccellenza.

RIEPILOGO DEL CAPITOLO 12:

- SEGRETO n. 1: sei tu il fattore che fa la differenza.

  SEGRETO n. 2: la formazione è necessaria. Per ottenere risultati eccellenti diventa imprescindibile.

- SEGRETO n. 3: non basta la formazione, serve la fiducia. Non basta il talento, serve la pratica quotidiana.

- SEGRETO n. 4: armonia ed equilibrio tra mente, corpo e spirito sono la massima espressione di carisma.

- SEGRETO n. 5: per fare la differenza devi puntare all'eccellenza.

Conclusione

Ci siamo! A chi vuole trovare il tesoro basta un indizio per passare all'azione, ma chi non vuole potrebbe avere la X (dove scavare...) sotto il naso e non vederla.

La logica del testo che hai letto è proprio quella di costruire, attraverso una serie di elementi, una strategia per ottenere i risultati nel modo più efficace possibile.

Tutto però ruota attorno alla persona, cioè a te.

Abbiamo iniziato con il valutare il giusto atteggiamento; come sia di fondamentale importanza, per qualsiasi attività venga intrapresa, avere il corretto approccio verso tutte le componenti del progetto che stai portando avanti. Senza l'atteggiamento adeguato non potrai conseguire i risultati sperati.

Poi abbiamo analizzato il metodo. Avere un metodo corretto, facilmente replicabile, e applicarlo quotidianamente, permette di raggiungere i risultati. È necessaria una capacità dinamica di apprendimento e di miglioramento di tutti gli aspetti del metodo. Il metodo indicato è un riferimento generale, ma adattabile alle situazioni specifiche a seconda della tua "sensibilità".

Nella terza parte, dedicata alla tecnica, ho voluto trasferire alcuni elementi di base delle tecniche di comunicazione e sulla vendita, ormai collaudate da decenni di studi e di applicazioni in molteplici campi del business. Avere la padronanza della tecnica ti permette di migliorare in modo esponenziale i risultati che puoi raggiungere. Possedere e applicare la tecnica fa la differenza fra avere esito positivo con altissime percentuali di riuscita oppure... fallire.

La parte finale è nuovamente dedicata alla persona: cioè a te.
Perché, nonostante il metodo e la tecnica, la differenza la fai tu. La fai tu con il tuo atteggiamento, con i tuoi talenti, potenziando i tuoi punti di forza e cercando di migliorare i tuoi deficit. La crescita personale è un fondamento per la garanzia di successo... e non parlo solo di quello professionale, ma anche personale!

Quindi, non smettere mai di lavorare su te stesso, non smettere mai di avere "fame" di imparare e di migliorare. Ci sono innumerevoli opportunità a tua disposizione. Devi solo coglierle!

Adesso voglio esortarti, spronarti e invitarti ad applicare immediatamente tutto quello che hai potuto apprendere nelle pagine che hai letto; senza arrenderti di fronte alle difficoltà e a eventuali insuccessi.

"Per aver di più di quello che hai,
devi diventare di più di quello che sei.
Se non cambi quello che sei,
avrai sempre quello che hai."

(Jim Rohn)

Per te, che hai utilizzato questo libro, ci sono a disposizione contenuti gratuiti che puoi trovare alla pagina Facebook "Agente Immobiliare 25K", oppure approfondire e vivere "live" tutti i contenuti del libro, partecipando al corso "Agente Immobiliare 25K". Per informazioni info@rea25k.com o la pagina Facebook.